# *Oltre il check-in*

**Il Cammino dentro un viaggio**

*- Amica cos'è questo silenzio?*

*- Nulla, ho deciso di cambiare strada. Troppa confusione. Ho bisogno di strade tranquille. Dove il silenzio assordante mi accompagni lungo il viaggio.*

*- La gente fa troppo rumore?*

*- Sì, e credimi sono stanca. Ho proprio bisogno di viaggiare sola. Non ho più voglia di essere accompagnata al semaforo e poi aspettare che diventi verde.*

*- Vuoi passare col rosso?*

*- Sì, almeno sono consapevole di essere da sola a oltrepassare quell'incrocio.*

*- Hai fatto il biglietto?*

*- Oh certo, solo andata. Voglio fare un lungo viaggio con me stessa. Chiudere gli occhi e ascoltare solo la mia voce.*

*- Vai, non fermarti, non fare salire nessuno con te, ti confonderebbe durante la strada.*

*- Questa volta aprirò la portiera solo a chi mi farà stare bene...*

*- Lo so, ti vedo stanca amica mia. Hai proprio bisogno di un viaggio interiore.*

*- Talvolta è meglio perdersi sulla strada di un viaggio impossibile che non partire mai. Non ho più pazienza, devo andarla a cercare. Perderla mi ha reso vulnerabile.*

*- Stai cercando il punto! Quel punto che ti aiuti ad andare a capo e ripartire.*

*- Forse non sarò sola. Partirò in aereo. La poltrona accanto a me è già occupata. Andrò a cercare le mie utopie. Per favore non dire a nessuno dove sono. Staccherò la connessione. I dati. Butterò via la batteria e viaggerò.*

*- Spero sia la scelta giusta. Spero troverai quello che stai cercando. Spero che al tuo ritorno sarai più leggera. Non importa restare soli, l'importante è sapere chi porterai nel tuo prossimo viaggio.*

*- Scenderanno tutti quelli senza biglietto...*

*Patrizia C.*

*A volte bisogna andare lontano, altre volte basta restare fermi, ma guardarsi a fondo; quel che conta è cercarsi, incontrarsi. A ognuno di noi capita almeno una volta nella vita di non sapere in quale punto esatto siamo del nostro percorso, cosa ci serve e da quale parte proseguire. Che sia un viaggio in una terra sconosciuta, un percorso interiore, un corso professionale o una storia d'amore, non importa, quel che conta è cercare di trovare una direzione da seguire.*

*-web-*

# CHECK-IN

Dovevo fare il check-in allo sportello numero diciassette. Era venerdì 17 novembre e le lancette dell'orologio segnavano le diciassette e diciassette. Come inizio non era male. Non ho mai creduto alle superstizioni, ma quel giorno mi solleticarono il pensiero.

Arrivato il mio turno diedi il biglietto aereo all'hostess. Era una bella ragazza dai capelli rossi e con molte lentiggini sul viso. Lo prese insieme alla mia carta d'identità. Mi guardò: «Vedo che ha tagliato i capelli.»

«Sì, sei mesi fa» le risposi. Poi prese il biglietto e lesse «Destinazione rimpianti. Andata senza ritorno?»

«Sì. La data del mio ritorno sarà solo quando riuscirò a visitare del tutto la mia destinazione» risposi con decisione.

Avevo con me solo un bagaglio a mano. Mi avevano detto che non avrei avuto bisogno di portare tanta roba, lì la gente è molto semplice. Passato il controllo valigie mi diressi verso l'imbarco. Pochissima gente attendeva. C'era un uomo dall'aria sperduta e con folti capelli neri, due donne abbastanza alte e dai capelli lunghi che chiacchieravano nell'attesa, una donna di mezza età continuava a guardare il monitor che segnava l'ora della partenza, un uomo dall'aria misteriosa parlava al cellulare e infine una donna dal volto sereno, attendeva con un piccolo borsone blu a tracolla e il cellulare tra le mani.

«Salve anche lei attende questo aereo?» mi chiese appena mi avvicinai.

«Sì.»

«Primo viaggio per questa destinazione?»

«Sì.»

«Scommetto che il biglietto le è stato regalato dalla proprietaria della piccola libreria *L'odore dei libri* che si trova al Vicolo dei miracoli?»

«Oh sì. Anche a lei?»

«No, io sono l'organizzatrice di questi viaggi. E chiedo sempre alla Signora Miranda, la proprietaria della bottega dei libri di regalare i biglietti solo alle persone che hanno dei rimpianti nell'anima.»

«E come fa a capire la signora Miranda tutto ciò ?» domandai curiosa.

«Cara, ma è semplice. Dai libri che acquistate!»

"Il volo BA 1790 per *destinazione rimpianti* è in partenza dal gate numero diciassette" disse una voce femminile che echeggiava da un altoparlante. Salimmo sull'aereo e ognuno di noi cercò il suo posto. Eravamo davvero pochi. Il mio posto era vicino al finestrino e accanto a me si sedette l'organizzatrice del viaggio.

«Hai paura di volare?» mi chiese.

«No, lei?»

«Dammi del tu, cara. Mi chiamo Tea.»

«Io mi chiamo…»

«Sì Patry, so come ti chiami.»

Questa donna mi dava sui nervi ma il suo modo di fare mi incuriosiva. «Lei come conosce il mio nome?»

le domandai, ma non la feci rispondere perché dissi subito «Scommetto la signora Miranda.»

«Perspicace!» rispose. «Questo viaggio ti porterà in luoghi che solo tu potrai visitare. Non avrai nessuno che intralcerà il tuo cammino, ma dovrai avere tanto coraggio per farlo.»

«Fare cosa?»

«Fermarti e rimanere sola, in compagnia di te stessa e del tuo sentire.»

«Non sono mai partita sola. Sempre con la mia famiglia e i miei figli. Questo è il primo viaggio che intraprendo sola. Ho accettato il biglietto perché è arrivato al momento giusto.»

«La signora Miranda conosce sempre i vostri momenti giusti» rispose facendomi l'occhiolino.

«I classici periodi dove tutto è negativo, dove sembra non esserci via d'uscita, dove si è convinti che tutto ciò che si fa sia sbagliato.»

«Sì, cara conosco benissimo questi periodi. Hai bisogno di riposo. Un riposo interiore.»

Tea era una donna sulla quarantina, portava i capelli racconti con una coda alta. Non era truccata ma sicuramente aveva un leggero fondotinta che le rendeva il viso brillante con un colorito leggermente scuro, come se fosse abbronzata. Le mani erano ben curate e le unghie dalla tonalità rosso Ferrari avevano una lunghezza media.

«Il viaggio sarà lungo. Pensi che riuscirai a rilassarti nelle prossime sette ore?»

«Sette ore?» domandai preoccupata. Non avevo mai fatto viaggi così lunghi. Il più lungo è stato di due ore e mi è sembrato un'eternità.

«Immaginavo. Si percepisce che non sei rilassata. Ma tranquilla, riuscirò a distrarti con qualche mio racconto divertente. Sai non tutti i miei viaggi sono stati tranquilli. Qualche inconveniente l'ho avuto anch'io.»

Tea iniziò a parlare, a raccontare. Da anni ormai faceva l'accompagnatrice di questi *viaggi speciali* come li chiama lei. Io ancora non avevo ben capito la specialità di questo viaggio. Mi ripeteva sempre che avrei ritrovato me stessa. Avevo bisogno di riposo e questo viaggio poteva garantirmelo. Una settimana di vero relax. Gli altri passeggeri erano rilassati. L'uomo seduto dietro di noi, aveva gli occhi chiusi e dormiva.

Le due donne sedute due o tre posti davanti a noi stavano chiacchierando con tranquillità.

Gli altri passeggeri erano seduti in fondo all'aereo. Molti posti erano vuoti. Sembrava un aereo privato, pensai guardandomi attorno. Mi avvicinai al finestrino e il sole era già andato via, era buio e non riuscivo a vedere nulla. Notai che iniziava a piovere e i battiti presero ad accelerare. Viaggiare sotto la pioggia mi ha fatto sempre paura.

«Patry stai tranquilla, è una pioggia passeggera» mi disse Tea appoggiando la sua mano sulla mia.

«Speriamo» dissi con un fil di voce.

«Prego desiderate qualcosa da bere?» domandò una bellissima hostess.

«Per me un succo d'arancia. Per te cara?»

«Avete una Schweppes?»

«Certo.»

Mentre sorseggiavamo le nostre bevande in silenzio sentii la pioggia aumentare. Iniziarono i primi vuoti d'aria e diventarono sempre più prepotenti. Mi parve di sentire dei rumori strani provenire dal motore che pian piano occuparono la mia mente.

«Tranquilla, non preoccuparti. Se ci fosse stato pericolo il comandante ci avrebbe avvisati di allacciare le cinture» mi ripeteva di continuo Tea. Io non riuscivo a restare tranquilla. Il buio che mi osservava dal finestrino mi regalava la mia immagine riflessa. Mi guardai attentamente. Ero davvero stanca. Le occhiaie molto evidenti davano segnali di stress eccessivo.

Qualche ruga iniziava a intravedersi. I cinquant'anni erano vicini, ma guardandomi sembravo molto più grande della mia età.

La speranza che questo viaggio mi avrebbe aiutata a rilassarmi mi tranquillizzava un po', ma solo un po'.

«Patry, vuoi qualcos'altro da bere?»

Mi voltai e rividi nuovamente l'hostess di prima con il carrello delle bevande.

«Oh, grazie. Sono a posto» dissi a Tea porgendo la lattina vuota della Schweppes all'hostess.

I vuoti d'aria continuarono a essere più frequenti tanto che il pilota dell'aereo ci parlò dicendo: «Signori e signore buonasera, è il vostro comandante che vi parla. Dato i forti vuoti d'aria e l'elevata pioggia siete pregati di allacciare la cintura di sicurezza.»

In quel momento sentii il cuore salirmi in gola, la salivazione ridotta a zero e un formicolio su tutto il corpo. A questo punto dovevo iniziare a preoccuparmi.

«Cara stai tranquilla» ripeteva Tea come un disco rotto. Ma come potevo stare tranquilla? L'aereo ballava senza tregua. I battiti del cuore echeggiavano in tutto l'aereo. Stavo per perdere la calma. Tea mi osservò, vide che ero davvero molto preoccupata e così mise nuovamente la sua mano sopra la mia «Cara, stai calma.»

«Non... non rie-sco» dissi balbettando.

«Andrà tutto bene.»

All'improvviso un lampo squarciò il cielo e illuminò l'aereo. In quel momento osservai il viso di Tea che appariva sempre sereno, come se non stesse accadendo nulla, mentre io già sentivo odore di morte. Avrei voluto urlare, piangere, ma chiusi gli occhi iniziai a pregare in tutte le lingue: non servì a nulla perché l'aereo mi sembrava perdesse quota.

«Oddiooo, oddioooo, oddiiiioooo» urlai. Sentivo che mi mancava l'aria. Dopo qualche secondo vidi scendere dal soffitto della cabina le maschere per l'ossigeno che a gran velocità caddero sulle nostre teste. Mi sentivo comprimere il petto e la schiena. Un fortissimo dolore alle orecchie mi provocò mal di testa. Non riuscii più a trattenermi e così piansi come una bambina. Sentivo gli altri passeggeri urlare. L'uomo dietro di me urlava: «Aiutoooo, aiutoooo...»

«Si calmi, stia tranquillo» gli diceva l'hostess mentre andava a sedersi al suo posto allacciandosi anche lei la cintura. Un altro lampo, seguito da un forte tuono, illuminò l'aereo. Questa volta il volto di Tea mostrava leggeri segni di preoccupazione, ma come sempre appariva composta e con la sua mano stringeva la mia.

«Se morissi adesso, pensi che avresti qualcosa o qualcuno che potrebbe diventare un rimpianto?» mi domandò con voce ferma e scandendo ogni singola parola con calma mentre avevo la sensazione di essere spinta verso il basso, di cadere. Ma che cazzo di domande sono in questo momento, pensai mentre sentivo i battiti del mio cuore esplodermi nel petto.

«Rispondimi.»

«Non lo soooo» urlai.

«Pensaci!» esclamò.

«Come faccio a pensare in questo momento?»

«Devi.»

«Non mi viene in mente nulla.»

«Non fare diventare un rimpianto qualcosa a cui puoi ancora porre rimedio.» Iniziò anche lei ad alzare di un decibel il tono di voce.

«Non lo so» continuai mentre piangevo. Lei mi porse un fazzolettino e proseguì «Rilassati e rifletti bene.»

Rifletto? Ma questa è matta. Come potevo riflettere in un momento in cui sentivo la morte sfiorarmi.

«Sono sicura che qualcosa ci sarà. C'è sempre qualcosa. Sempre!»

Pensavo a cosa potesse rappresentare un rimpianto in questo momento della mia vita. Forse non fare quel check-in. Se non lo avessi fatto non sarei stata qui intrappolata in un aereo con una donna matta accanto che mi fa domande mentre questo maledetto aereo sta precipitando e con la paura di morire che mi opprime.

«Sai a volte ci sono degli avvenimenti che arrivano all'improvviso per farci riflettere sugli errori che stiamo commettendo o che potremmo commettere in futuro. Errori anche banali che potrebbero diventare più importanti se non vengono corretti prima.»

«Perché non hai paura? Stiamo perdendo quota. Perché sei così tranquilla. Lampi e tuoni sembrano squarciare l'aereo e mi chiedi se c'è qualcosa che sto sbagliando nella mia vita di cui un domani potrei pentirmi?»

«Non ho paura. È il tuo inconscio che ti porta a pensare che stiamo per precipitare, ma credimi non è così.»

Effettivamente l'aereo non stava precipitando, ma il brutto tempo e i vuoti d'aria facevano sì che la mia mente lo pensasse. Bene, cercai di calmarmi, tirai un bel sospiro e mi concentrai sulla domanda di Tea.

«Hai ragione. Forse ho paura di viaggiare sotto la pioggia e questi vuoti d'aria mi hanno fatto andare in tilt» dissi mentre mi portavo una ciocca di capelli dietro l'orecchio «Pensandoci bene, qualcosa che potrebbe crearmi qualche senso di colpa c'è» dissi con tono più calmo.

«Lo so, Patry. Lo so mia cara.»

«Non sono mai andata a una partita di calcio del mio secondogenito.»

«Perché?»

«Perché non mi piace il calcio. Seguire quella palla che gira nel campo mi annoia.»

«Tu devi andarci non per la palla, ma per vedere tuo figlio che gioca.»

Non risposi. Aveva ragione. Ogni volta che mio figlio aveva una partita cercavo sempre scuse. Lui mi diceva di non preoccuparmi se non potevo andare, tanto c'era papà, non sarebbe rimasto solo. Così io mi tranquillizzavo e mi sentivo con la coscienza pulita.

La pioggia cessò e con essa i vuoti d'aria. Mi sentii più rilassata tanto che chiusi gli occhi e mi addormentai. Ero stremata.

Decisi di fare questo viaggio perché avevo bisogno di evadere dalla mia routine. Era un periodo di forte stress. Tutto mi stava stretto. La mia anima, la famiglia, il lavoro, le amicizie, le emozioni, la mia vita… e quando la signora Miranda mi regalò quel biglietto dicendomi che era un viaggio alla scoperta di sé stessi accettai senza pensarci un secondo. Sentii qualcosa dentro me che mi fece stare subito meglio. Qualcuno mi disse: “accetta, fai le valigie e parti subito”. E così feci. E così eccomi qui, su questo aereo squarciato dai lampi.

Dormii tanto. Mi ero presa un bello spavento e così mi rilassai del tutto.

«Patry svegliati, tesoro, siamo quasi arrivate» mi sussurrò all’orecchio Tea. Aprii gli occhi e mi voltai verso il finestrino. Il cielo era pieno di stelle illuminate dalla luna che faceva da protagonista.

«Ma quanto ho dormito?»

«Eri proprio stanca.»

Finalmente atterrammo. Presi il mio bagaglio e seguii Tea. Un bus shuttle ci attendeva fuori dall'aeroporto. Tutti i passeggeri di quel volo salirono assieme a noi. Tea era sempre accanto a me.

«Tra venti minuti arriveremo all'hotel» mi disse appena seduti sull'autobus.

Avevo bisogno di una bella doccia calda e di un letto. Non avevo neanche molta fame. Troppo stremata.

Le strade erano illuminate e l'aria profumava di lavanda. Dopo alcuni minuti l'auto imboccò una strada che costeggiava dei campi di girasoli che silenziosamente dormivano.

«Mia cara siamo arrivate.»

«Sono molto stanca, penso che stasera neanche cenerò» sussurrai.

«Non puoi andare a letto senza cenare! Al Resort of Repentances ci attendono per la cena di benvenuto e non possiamo rifiutare.»

Tea sembrava una persona determinata. Col suo modo di parlare non lasciava spazio alle repliche.

«Vedrai che dopo una bella doccia ti sentirai un'altra.»

Il Resort of Repentances si presentava come un grande castello medievale. L'autista mi porse il trolley e con passo da bradipo seguii Tea. Alla reception, una bellissima ragazza dai capelli nero corvino e una carnagione molto chiara ci accolse con un sorriso.

«Buonasera signore, vi stavamo aspettando.»

«Ciao Annabel, per favore ci daresti le chiavi delle stanze? Abbiamo bisogno di fare una doccia calda, siamo veramente stanche.»

«Oh certo signora Tea» rispose la ragazza.

«Ecco qui, lei ha la camera trecentotredici.»

«La signora Miranda vi ha avvisati che sarei arrivata con un ospite?» Tea si avvicinò al bancone della reception e guardò con attenzione la ragazza, come se le volesse dirle qualcosa con lo sguardo. La ragazza, guardando il monitor del PC disse «Lo sa che la signora Miranda è impeccabile nel suo lavoro» e voltandosi verso di me, continuò «Signora Patry lei ha la camera trecentodiciassette» porgendomi la chiave.

«Grazie Annabel, la cena è al solito orario?» domandò Tea.

«Sì, e nel solito salone.»

La stanza era accogliente, grande e con un letto matrimoniale che invitava a provarlo. E così mi ci tuffai sopra. Fantastico, avrei chiuso gli occhi e avrei dormito così com'ero. Ma dovetti alzarmi per non addormentarmi sul serio.

Andai a fare la doccia: anche quella molto grande. Il bagnoschiuma era al profumo di magnolia, il mio preferito. Le tovaglie erano morbidissime e profumavano di ammorbidente. Mi vestii velocemente, era molto tardi, ma prima di scendere a cenare tentai di telefonare a casa. Feci il numero, la linea era assente, anzi il cellulare segnava "solo chiamate d'emergenza".

«E adesso?» mi domandai. «Si preoccuperanno» pensai guardando il cellulare.

Intanto mi diedi l'ultima sistemata e scesi giù a cenare. Tea mi stava attendendo.

Una rampa di scale mi separava dalla sala da pranzo. In fretta andai giù, ma all'ultimo gradino mi fermai. Il mio sguardo fu catturato da un quadro appeso al muro. Alzai gli occhi e vidi ritratta una giovane donna. La somiglianza con mia madre mi fece rabbrividire. La guardai attentamente e mi convinsi che era proprio lei. Cosa faceva lì? Perché quel quadro era in questo hotel? Guardai con molta attenzione. Era più giovane di adesso, indossava un paio di pantaloni blu con una camicia bianca. Ricordo che in casa avevamo una cornice sul mobile del salone e lei, in quella foto, era vestita proprio così. Lì era seduta su una panchina con un bellissimo salice piangente accanto. La cornice era impolverata, sicuramente erano mesi che non veniva spolverata.

«Patry stiamo aspettando te.» Tea era molto elegante e non sembrava neanche stanca.

«Tea posso chiederti questa signora chi è?» domandai indicandole con l'indice della mano destra il quadro.

«È una nostra cliente affezionata. Dai adesso seguimi.»

La seguii cercando di starle dietro. Il suo passo era molto più veloce del mio. Entrai in un grande salone lussuoso dove una meravigliosa tavola apparecchiata ci stava aspettando. Mangiai molto bene.

Feci conoscenza con gli ospiti dell'albergo. Erano veramente tutti simpatici.

Prima di andare nella mia stanza decisi di guardare la TV nel salone adiacente alla hall. Mi sedetti sul divano, stavano trasmettendo il telegiornale della mezzanotte. Dopo qualche minuto accanto a me si sedette una donna. Non la guardai perché stavo ascoltando con attenzione le notizie, ma sentii un profumo conosciuto e così mi voltai.

Incredula dissi «Mamma! Ma cosa fai qui?»

«Quella famosa vacanza che ho sempre desiderato fare e che non ho mai fatto» disse pacata.

«Ma non mi hai detto che saresti partita.»

«Poco importa, l'importante è che ci siamo ritrovate.» avvicinandosi mi sussurrò «Ti svelo un segreto; sapevo già che saresti venuta in questo luogo» mi sorrise facendomi l'occhiolino.

Mia madre sembrava molto più giovane, la sua pelle era liscia come quella di una ragazzina e i suoi occhi... i suoi occhi brillavano di una luce particolare. Le accarezzai i capelli e l'abbracciai. Non volevo fare lo stesso errore che avevo fatto con mio padre. Non volevo rimpiangere gli abbracci non dati. Lei ricambiò.

«Perché non mi hai detto che saresti venuta qui?»

Lei mi guardò ma non rispose. «Sei venuta in aereo?»

Continuava a guardarmi e con la mano destra mi accarezzava con delicatezza il viso. La sua mano era liscia come quella dei bambini. Il suo sorriso mi faceva stare bene. E il suo sguardo, così intenso e materno mi faceva sentire protetta. Quella protezione che mi dava quando ero piccola.

«Ma sei arrivata oggi?» continuai a farle domande. Ero confusa. Stordita. Mi sentivo come se fossi entrata in un labirinto e volevo che qualcuno mi indicasse la strada per uscirne. La foto che avevo visto in quell'albergo mi confuse di più le idee e così riprovai con un'altra domanda. «Nel corridoio dell'albergo ho visto una foto tua. Almeno sembri tu. Come mai è lì?»

«Patry la vita è piena di domande. E noi, cara figlia, dobbiamo essere in grado di trovare le risposte. Ma devi essere tu, e sottolineo tu, a cercare le risposte giuste. A volte sembra che tutto quello che ti circonda non ti appartenga. Invece, figlia mia, ti appartiene, devi solo trovare la chiave giusta per interpretarlo. Il tempo ti darà quello che stai cercando.»

Dopo averla ascoltata con attenzione ero più confusa di prima, ma custodii con cura le sue parole.

«Cosa ne pensi se per stasera andassimo a dormire e domani facessimo colazione assieme?» domandò mia madre alzandosi dal divano.

«Alle nove ci vediamo qui sotto?»

«Perfetto. Buona notte figlia mia.»

«Buona notte, mamma.»

*L'uomo deve iniziare a sognare per capire bene la realtà. Ma nel momento in cui si rende conto che la realtà è solo una conoscenza della sua anima, inizia a scappare. Vuole viaggiare, non vuole più tornare nei luoghi dove ha vissuto, solo perché ha l'anima vuota di sogni e piena di realtà.*

*Il viaggio aiuta a capire cosa ci sia dentro l'anima, aiuta a riempirla di sogni e a sfuggire la realtà.*

*Abbiamo bisogno solo d'immaginazione per non rendere la realtà uno spettacolo noioso.*

*E così il nostro viaggio diventa immaginazione.*

*Patty C.*

# LA REALTÀ È SOLO UN PUNTO DI VISTA

Il labirinto del mio cervello era strapieno di pensieri. Cosa facevo lì? Cosa faceva mia madre in questo albergo? Mi sentivo come se fossi su un altro pianeta. Mille domande mi passavano per la testa. Mi affacciai dal balcone della stanza. Era notte fonda, ma in lontananza potevo notare una piccola città illuminata.

Quella notte la luna era nascosta tra le nuvole, e il cielo, povero di stelle, non riusciva a emanare la giusta luce. L'aria era frizzantina e così strinsi le spalle e misi le mani tra le maniche del pigiama. Non avevo sonno. Sentivo che dentro di me stava accadendo qualcosa. Sentivo dei crampi allo stomaco, ma non era per colpa della cena, ne ero sicura. Questo viaggio aveva qualcosa di speciale. Era un viaggio *oltre* le mie aspettative. Il cellulare segnava sempre solo chiamate d'emergenza. Sarà che in questa zona non c'è campo, pensai. Mi coricai. Cercavo una posizione, ma nulla, non potevo dormire. C'era qualcosa che mi disturbava. Era tutto un po' strano: l'aereo che sembrava precipitare forse era solo una mia paura interiore, mia madre che sembrava essere tornata ragazzina e per finire Tea. Che strana quella donna. Non so per quale motivo, ma mi trasmetteva molta ansia.

Finalmente mi addormentai. Dormii fin quando squillò la sveglia. Mi alzai, senza perdere tempo. Mi sentivo in forma. Forse avevo riposato bene. Il materasso era comodo e la stanza era ben riscaldata.

Calzai le ciabatte e con gli occhi ancora assonnati presi la vestaglia che era rimasta in valigia. Mentre la indossavo notai che accanto alla valigia, su un tavolino c'era un oggetto natalizio. La sera prima non lo avevo notato. Che strano, si vede che ero molto stanca. E poi che ci faceva lì, Natale era ancora lontano. Dopo aver fatto una doccia calda e asciugato i capelli, uscii dal bagno per decidere cosa indossare e mi accorsi che nell'angolo della stanza c'era un bellissimo albero di Natale. Ma cosa stava succedendo? La camera era tutta addobbata. C'erano luci natalizie dappertutto. Luci a intermittenza: gialle, rosse, blu, bianche. «Mi sono rimbambita. È Natale e io non ne so nulla?» chiesi a me stessa.

Ricordo che ieri era il 17 novembre, mancava ancora tanto a Natale. «Forse mentre facevo la doccia qualcuno sarà entrato ad addobbare la camera.

Potevano farne anche a meno. Odio queste luci da discoteca. E quest'albero è orribile.

Non badai più agli addobbi e andai a truccarmi. Ma appena mi guardai allo specchio «Cribbio ma cosa mi è successo?» urlai. Sembravo ringiovanita. Era proprio tutto strano. Percepii solo che da quel momento mi sentivo un'altra.

«Ciao Patry dormito bene?»

«Ciao Tea, sì grazie, benissimo. Ho dormito come un ghiro.»

«Bene, andiamo a fare colazione.»

Al tavolo ad attenderci c'era mia madre e con estrema sorpresa vidi anche mio padre. Erano bellissimi, anche se mio padre lo vidi un po' invecchiato. Sembrava stanco. «Ciao Papà, che bella sorpresa non credevo ci fossi anche tu. Mamma ieri sera non mi ha detto nulla della tua presenza, sicuramente ha voluto farmi una sorpresa e credimi ci è riuscita.»

«Ciao, sì ci sono anch'io» rispose mio padre come se non fosse sorpreso, anzi sembrava quasi annoiato.

«Ciao tesoro, siamo felici di vederti qui con noi. E soprattutto dobbiamo ringraziare Tea per averci fatto incontrare.» Il tono di voce di mia madre era fievole come se anche lei fosse annoiata o stanca di qualcosa.

Era tutto così confuso nella mia testa che credevo di essere impazzita. Cosa faceva mio padre lì? E mia madre perché continuava a non darmi spiegazioni?

L'atmosfera sembrava così surreale che a volte ero tentata di darmi dei pizzicotti sulle guance.

La colazione era squisita. Non bevevo un cappuccino così buono da anni e poi che meraviglia quelle ciambelle con le gocce di cioccolato, le mie preferite. Non nego che feci pure il bis.

«Patry cosa ne pensi se oggi andassimo in giro a fare shopping, verrà anche papà. Dobbiamo comprare tanti regali per Natale.»

«Per Natale? E per chi? E poi non è troppo presto?» chiesi perplessa.

«Intanto un regalo per te tesoro mio. Poi compreremo qualcosa per papà. E lo sceglierà lui stesso» disse mia madre guardandolo.

«Sì, avrei bisogno di un bel pigiama nuovo. Mi piacerebbe con un bel Babbo Natale stampato sopra.»

«Ma papà cosa dici. Alla tua età?»

«Patry scommetto che anche tu, in valigia, avrai qualche pigiama o maglione simile. Ricordati, cara Patry, che siamo eterni bambini e che abbiamo sempre bisogno di qualcuno che ci regali emozioni, anche un semplice pigiama con su stampato un babbo natale. Ogni momento passato con i nostri cari, ogni loro desiderio dobbiamo sempre trattarlo con estrema cura. Loro ci hanno regalato la vita e noi possiamo solo ringraziarli senza mai giudicarli» sottolineò Tea regalandomi un bel sorriso.

Quel viaggio stava diventando una lezione di vita, ma restava comunque strano.

«Tea tu verrai con noi?» chiese mia madre.

«No mia cara, andate pure voi tre» rispose facendo l'occhiolino.

La stanza da pranzo era addobbata di luci che lampeggiavano e dal blu passavano al rosso e dal rosso al verde. Era un continuo luccicare con un ritmo regolare. Un grande albero di Natale al centro della stanza era addobbato con palline bianche e blu e una grande stella dorata brillava al centro dell'albero. La gente che entrava nella sala restava sbigottita dalla sua bellezza, ma io non ci vedevo nulla di bello.

«Tesoro ci vediamo tra un oretta nella hall? Vado a dare le medicine a papà, mi cambio e scendiamo subito.»

«Le medicine a papà? Ma perché?»

«Non ricordi?»

«Cosa dovrei ricordare?»

«Papà ha l'Alzheimer!»

Papà ha l'Alzheimer? Papà ha l'Alzheimer? Continuai a ripetermi.

«Ma così giovane?»

Mia madre mi prese la mano. Era calda, a differenza della mia che sembrava un ghiacciolo, e me la strinse forte. Mi guardò negli occhi e vidi una lacrima scendere giù e percorrerle il viso morendole sulle labbra.

Mio padre aveva l'Alzheimer, e io non me ne ero resa neanche conto. Perché non lo ricordavo? Era mio padre e dovevo capirlo che c'era qualcosa che non andava. Era troppo sciupato. E i suoi discorsi erano così strampalati che non sembravano più dei discorsi sensati. Triste salii in camera, aperta la porta quell'albero di Natale era ancora lì. Mi osservava. Sembrava pure che stesse ridendo o forse era una mia sensazione. Non lo guardai, ma un silenzio assordante mi invase il cervello. Iniziai a pensare a mio padre.

Mi ripetevo di continuo come avessi potuto dimenticare una malattia terribile come quella che stava distruggendo la mente di mio padre. Era come se l'avessi del tutto cancellata, forse non volevo accettarla e così l'avevo rimossa dai miei ricordi? mi domandai perplessa. O forse era stato quel viaggio ad allontanarmi dai ricordi tristi. Ero sempre più confusa. I miei genitori erano così giovani che non avrei mai immaginato che mio padre potesse stare male.

La confusione mi assalì ma dovetti prendere atto che mio padre aveva l'Alzheimer.

Piangere non era la soluzione giusta. Cosa fare, continuai a domandarmi. Un rumore mi fece sobbalzare e mi voltai di scatto. Il Babbo Natale che era sul tavolino della stanza era per terra. Com'era caduto? Mi avvicinai, mi chinai e lo misi al suo posto. Anche lui sembrava che mi guardasse con intensità e io ricambiai lo sguardo.

«*Non piangere. Sii forte. Tuo padre ha solo bisogno di te. Non andare via. Devi solo stargli vicino.*»

Cribbio ma questo Babbo Natale parla. Dissi ad alta voce, e improvvisamente si illuminò il cappello dal quale proveniva una musica natalizia di sottofondo.

«Ma tu cosa ne sai? Sai cosa vuol dire avere un papà malato?» gli dissi convinta di parlare con un essere umano. «Ma cosa sto facendo. Adesso parlo pure con un pupazzo? Sto diventando matta» pensai a voce alta.

«*Non stai diventando matta. Sei solo confusa. Il Natale lo odi, lo so benissimo e adesso che hai saputo di tuo padre ti è crollato il mondo addosso, lo so benissimo. Ma credimi, intanto inizia ad avere fiducia in me. Sin da piccola hai sempre creduto che io non esistessi. Ma ti sbagli. Io esisto, la mia festa esiste e se tu non apri il tuo cuore io non potrò mai entrare.»*

Con rabbia diedi un colpo di mano e lo buttai a terra. Lui si ammutolì ma continuò a guardarmi con un sorriso smagliante. Lo guardai anch'io, ma con rabbia. Lo presi e lo riposai al suo posto. Non parlò più.

Cosa mi stava succedendo. Adesso parlavo pure con Babbo Natale? Le sue parole mi ronzavano in testa. L'albero di Natale continuava a essere lì. Con la sua area maestosa anche lui mi osservava. Dentro di me le emozioni iniziarono a svegliarsi. Lo osservai e pensai che non era così malvagio. Le luci si riflettevano sulla porta-finestra e quel riflesso mi regalò un'altra bella emozione che mi fece sorridere.

Sorridere, sì forse era l'arma che dovevo portare con me per tutto quel periodo.

Guardai l'orologio e mi accorsi che si era fatto molto tardi. Calzai le scarpe da ginnastica e scesi giù nella hall.

«La solita ritardataria!» esclamò mia madre.

Sorrisi, li presi sottobraccio e uscimmo dall'albergo. La giornata era umida ma non c'era freddo.

«Tesoro il centro è a seicento metri da qui possiamo tranquillamente andare a piedi.»

Per qualche minuto camminammo in silenzio e appena voltato l'angolo mio padre disse: «Ma dove stiamo andando?»

«Papi, stiamo andando in città a fare shopping, ricordi?»

«No, dovrei?»

Non gli risposi. Il non ricordare le cose faceva parte di questa terribile malattia. Mostrai pazienza e così per non stancarlo cambiai argomento: «Papi, cosa ne pensi se entriamo in quel bar a prendere un caffè» gli dissi indicando il bar con la mano.

«Ma io non prendo caffè» mi rispose.

«Sicuro? Io ricordo che tu sei un gran bevitore di caffè» sottolineai guardandolo negli occhi.

«Ti sbagli.»

«Ma sì, sicuramente mi starò sbagliando.»

Non volevo contraddirlo. Era l'Alzheimer a parlare per lui. Ma cosa importava. L'importante era che nessuno dei due si alterasse. La giornata passò serenamente. Comprammo dei regali per Tea e Annabel, la ragazza della hall.

Non trovammo il pigiama con su stampato Babbo Natale, e così gliene comprammo un altro con su stampato l'albero di Natale. Mio padre era molto contento. Sembrava un bambino. Voleva indossarlo subito. Per fortuna mia madre lo convinse dicendogli che lo avrebbe indossato dopo cena. Era un pigiama in pile tutto rosso con quest'albero verde con tante palline colorate stampato sul davanti.

«Ho fame!» disse improvvisamente.

«Cosa vorresti mangiare?» gli chiese mia madre.

«Patatine fritte.»

«Chissà se qui in zona c'è un Mc.»

Arrivammo in una piazza piena di gente che faceva acquisti nei vari negozi. In lontananza si sentiva una dolcissima musica natalizia che rendeva l'atmosfera ancora più calda.

Tutto sembrava inverosimile. La magia era nell'aria e io forse… iniziavo a percepirla. Una folata di vento mi scompigliò i capelli e un dolcissimo odore di zucchero filato mi fece ricordare quando ero bambina, quando credevo di vivere in una favola dove i mostri potevano essere sconfitti. Invece oggi so che quella favola non esiste perché questi terribili mostri entrano in silenzio senza nessun invito portando via ciò che di più caro si ha. C'era anche un mercatino dove ognuno vendeva i propri manufatti. E tanti addobbi che riempivano la piazza di luci colorate. La gente sembrava felice. Presi mio padre sottobraccio e mi avvicinai a una bancarella di oggetti natalizi.

«Guarda papi quante belle cose.» Lui non rispose, ma lo vidi interessato. Osservava quegli oggetti come un bambino che guarda un banchetto stracolmo di leccornie.

Iniziò a toccare tutto facendo innervosire la signora della bancarella che iniziò a guardarci inquieta.

«Papà non toccare» gli dissi sottovoce, ma lui continuò lo stesso. «Papà andiamo a vedere altre bancarelle, cosa ne pensi?» Cercai di tirarlo via, ma nulla era inchiodato lì davanti.

«Posso aiutarvi?» chiese la signora.

«Voglio questo!» esclamò mio padre prendendo in mano un pupazzetto a forma di angioletto vestito da Babbo Natale. Era molto bello e sembrava che avesse lo sguardo vivo. Questa volta però non guardava me ma mio padre. Non so spiegare cosa stesse succedendo, tutto stava prendendo vita. Mi sorridevano pure le luci. Percepivo delle belle sensazioni. Come se dentro di me fossero ancorati ricordi che avevo rimosso e che in quel momento si affacciavano nella mia mente regalandomi la voglia di stare con i miei genitori e godere di ogni attimo passato assieme. Avevo smarrito queste sensazioni da tempo. Il Natale era per me un periodo da cancellare dal calendario. Quell'emozione natalizia l'avevo tenuta fuori per tanti anni. Non la ricordavo più, non volevo mi facesse soffrire e così l'avevo nascosta in un angolo: non sapevo nemmeno più quale. Ma in quel momento percepii che dovevo lasciare la porta del mio cuore socchiusa e non chiusa. Sentivo che la pace interiore stava bussando. Dei sentimenti contrastanti lottavano dentro di me, come se fossero su un ring ed io fossi in attesa del vincitore. L'odore del legno di certe palline decorative, le luci sonore degli alberi e lo scoppiettio del fuoco che al centro della piazza bruciava la legna mi facevano sentire come se fossi avvolta in una calda coperta, ma soprattutto ebbi la sensazione di essere protetta da quell'atmosfera che mi avvolgeva. Mi sentii di nuovo a casa, quando ancora la parola serenità aveva un senso ed era con noi: mio padre e mia madre abbracciati guardavano serenamente le bancarelle e io li osservavo felice.

Dopo aver mangiato le patatine tornammo all'hotel. I piedi urlavano dal freddo e le mani gli facevano compagnia. Le temperature erano scese e sembrava volesse piovere.

«Divertiti?» ci domandò Tea.

«Rilassati più che altro» rispose mia madre con un sorriso.

Il salone dell'hotel era accogliente. E così prima di salire in camera ci accomodammo sul divano rosso porpora che ci avvolse. Il salone era addobbato con maestosità e un altissimo albero lo riempiva. L'avranno agghindato questo pomeriggio, pensai. Le ghirlande appese alle porte del salone, erano molte belle, con rami di pino e agrifoglio. Qualche decorazione era appoggiata sui due tavolinetti accanto al divano e un odore di vaniglia e chiodi di garofano mi invase le narici. In sottofondo potevo ascoltare una soave musica natalizia che rendeva l'ambiente sereno. Ma i miei occhi si poggiarono su una grande libreria di legno massello: mi avvicinai per leggere i titoli dei libri.

*Un Natale in città, La magia del Natale, Oltre la realtà c'è il Natale, Babbo Natale è dietro l'angolo, Credi, ama e abbraccia il Natale.*

Praticamente erano tutti libri sul Natale. Ero tentata di prenderne uno, non avevo mai letto un libro sul Natale, argomento per me poco interessante. Ma quella sera qualcosa mi spinse a farlo, e così alzata la mano presi *Credi, ama e abbraccia il Natale.*

Salii in camera e feci un bagno caldo. Ne avevo proprio bisogno. Chiusi gli occhi e mi rilassai.

Nuovamente mi assalì la tristezza. I pensieri negativi fecero un salto nella mia testa. Nell'ultimo periodo soffrivo di sbalzi di umore e questo mio stato mi faceva stare molto male. In questo momento avevo bisogno di qualcuno che mi dicesse che sarebbe andato tutto bene, che mio padre sarebbe rimasta la persona allegra di questa sera e che la mia famiglia non sarebbe andata in frantumi. In frantumi...

*Avevi preso i tuoi ricordi, sempre più fragili, per*

*conservarli in un sacco resistente. Ma quel sacco è stato lanciato*

*in aria e adesso, quei ricordi, sono ridotti in mille*

*pezzi. Cerchi sempre di metterli insieme, qualche*

*volta ci riesci e qualche altra volta no. Ma io ci sarò*

*sempre per raccontarti la vita che hai scritto fin qui*

*e te ne innamorerai di nuovo. E non ti dimenticherai*

*che un cuore grande sempre avrai.*

Pascal Ciuffreda

# ALCUNE COSE DEVONO ESSERE CREDUTE PER POTER ESSERE VISTE

Mi svegliai confusa. Mia madre, mio padre, la malattia, il Natale... Tutto quello che stavo vivendo mi sembrava di averlo già vissuto con l'unica differenza che mi sentivo diversa. Non so spiegarlo. Forse più matura, forse più consapevole di tutto quello che stava succedendo attorno a me. Guardai fuori, c'era il sole. Mi alzai, calzai le mie babbucce, indossai la vestaglia di pile e andai fuori. Un brivido di freddo mi assalì. L'aria era frizzantina, d'altronde era fine novembre. Rientrai in camera e…

*«Sento che il tuo cuore sta cambiando. Sono contento, continua così e vedrai che questo Natale sarà magico.»*

La voce del Babbo Natale, quello sul comodino, echeggiò nella camera. Ma questo Babbo Natale parla sul serio! Esclamai ad alta voce e guardandolo con attenzione gli dissi: «Credimi, ci sto provando, ma c'è sempre qualcosa che mi frena» mi sentii una stupida. Stavo proprio parlando con un pupazzo, che strano quella presenza trasmetteva serenità. Mi piaceva la sua compagnia e soprattutto le sue parole, erano come se mi entrassero dentro, dentro l'anima. Come se fossero medicina per il mio corpo. Il tempo, la vita avevano lacerato il mio cuore e ogniqualvolta pronunciava una frase era come se mettesse un cerotto sopra ogni ferita.

*«Non mollare, credici!»*

«Vorrei tanto farlo, ma nel mio cuore si è riaperta una grossa ferita. Ho paura di perdere mio padre» dissi asciugandomi gli occhi con la mano. Una lacrima aveva perso il controllo.

*«Voglio aiutarti.»*

«Riuscirai a guarirlo?» domandai entusiasta.

*«No, lo sai benissimo che non c'è cura. Ma potrò darti una cura diversa, sia per te che per lui. Una cura chiamata "Amore".»*

Restai in silenzio per qualche secondo, poi presi fiato e dissi: «Ok, ti ascolto.»

*«Perché non cerchi vecchie foto e assieme a lui le guardate in modo che lui ricordi il passato.»*

«Ma dove posso trovare le foto?»

*«In camera sua.»*

«Ma tu hai un nome?»

*«Non dirmi che non lo sai! Mi chiamo Santa Claus, ma chiamami pure Santa.»*

Passai tutta la mattina a cercare queste benedette foto, mentre i miei erano a fare colazione. Non trovai nulla, fino a quando cercando nel cassetto del comodino di mia madre le vidi. Erano ben sistemate dentro una bustina plastificata. Mia madre è sempre stata ordinata. Ma non capisco perché le abbia portate qui in viaggio. Sicuramente per la stessa ragione per cui io le sto cercando. Le tolsi dalla bustina e le guardai commossa. Avevo tra le mani un pezzo di mio padre. Un ricordo che la malattia gli porterà via. Ammiravo mia madre per la forza, il coraggio e l'amore che aveva nello stare accanto a mio padre, nell'accettare questa terribile malattia, nel curarlo con tutto l'amore che aveva.

Uscita dalla camera incontrai Tea. «Patry hai visite. Ti aspettano nel salone» Tea era una donna ben curata, e i suoi modi di fare mi facevano pensare a una donna raffinata.

Mi recai nel salone. "Ma chi poteva essere", mi chiesi perplessa. Mi fermai davanti l'uscio della porta e vidi una ragazza poco più alta di me che guardava l'albero. Mi dava le spalle, notai che aveva dei lunghi capelli nero corvino.

«Salve» dissi timidamente. Lei si voltò e io restai sorpresa. Per qualche secondo non riuscii a parlare e così parlò lei. «Ciao Patry, come stai?»

«Vanna?» dissi sbalordita.

«Non mi riconosci più?»

«Cosa fai tu qui? Sono anni che non ci vediamo»

«È vero, anni... Ho ricevuto un biglietto aereo per una meta sconosciuta, ed eccomi qui. Mi avevano detto che c'eri anche tu. Sapevo che anche tu dovevi venire qui. Sono contenta di aver accettato. Abbiamo tante cose da raccontarci e forse questo è il luogo e il momento giusto. Chissà, nulla accade per caso.»

Sembrava che Vanna avesse le idee più chiare delle mie. Questo viaggio aveva qualcosa di misterioso. E io dovevo capirne al più presto il significato.

«Adesso voglio abbracciarti» mi disse mentre con passo rapido si avvicinò a me e senza dire nulla mi strinse forte. Un silenzio assordante calò nella sala. Sentivo il suo fiato sul mio collo e sicuramente lei sentiva il mio cuore battere più veloce del normale. Quanto tempo era passato.

«Sei alloggiata qui?»

«Sì.»

«Ma chi ti ha detto che io ero qui?» le domandai curiosa.

«Tea me lo ha confidato. Conosco Tea da anni. È una cara amica. Una come lei, credimi, è difficile trovarla. È sempre presente, e ogni volta che sei in difficoltà lei è la prima ad aiutarti.»

Gli occhi di Vanna si riempirono di lacrime, una cadde sul maglione che indossava. Dalla borsa prese un fazzoletto si asciugò velocemente e disse «Scusami, non volevo.»

«Non scusarti. I sentimenti non si possono comandare. Dai adesso sorridi, che quando lo fai sei bellissima.»

«Cos'hai dentro questa scatola?» mi domandò mentre lo sguardo si posò sulla scatola che avevo appoggiato sul tavolino.

«Foto vecchie. Devo farle vedere a... A proposito, sai che qui alloggiano anche i miei genitori?»

«Ma che bello, non vedo l'ora di vederli.»

Mi rabbuiai improvvisamente. «Ho detto qualcosa che non va?» Si corrugò e mi guardò dritta negli occhi aspettando con ansia la mia risposta.

Il ticchettio dell'orologio a parete mi rimbombò in testa. La musica sottofondo divenne di dieci decibel più alta, il vento che sbatteva sulla finestra sembrava un ciclone e la voce di Vanna appariva come un urlo disperato. Tutto in quel momento era amplificato.

«Patry cosa succede? Il tuo sguardo non mi piace.»

Le presi la mano e dissi: «A volte la vita ci mette alla prova, ed è lì che noi dobbiamo reagire. Ed è lì che capiamo di cosa siamo fatti. Siamo come una candela accesa, ci spegniamo lentamente. Ma dobbiamo reagire, dobbiamo abituarci anche alle tempeste, perché è proprio allora che dobbiamo andare avanti. A volte i nostri cuori si lacerano piano piano, ma dobbiamo imparare a cucire. Dobbiamo imparare ad amare, a perdonare, a non arrabbiarci più. La vita è una sola, viviamola al meglio.»

«Adesso mi fai preoccupare. Vuoi dirmi, per favore, cosa sta succedendo?»

Non sapevo come dirlo, non riuscivo a trovare le parole giuste o forse non volevo dire quella terribile parola, Alzheimer, che unita a *mio padre*... diventava una frase inaccettabile.

«Patry parla ti prego.»

«Mio padre non sta bene, mio padre è malato, mio padre ha l'Alzheimer, mio padre perderà tutto: la dignità, la memoria, i ricordi e infine se stesso» dissi tutto in un fiato.

Lei mi guardò, non disse nulla, si avvicinò e mi riabbracciò così forte da togliermi il fiato. «Ci sono io qui con te.»

I rumori smisero di essere amplificati, improvvisamente tutto divenne silenzioso. Sentii solo il suo fiato sul mio collo, e le mie lacrime scendere giù lentamente.

«Adesso vado, ho tante cose da fare, ma stasera ceneremo assieme. Ho tanta voglia di vedere i tuoi.»

«Ciao papi come va?» Con la scatola piena di foto mi recai nella loro camera. Avevano fatto già colazione e sapevo che li avrei trovati lì.

«Buongiorno, ma chi sei?» Il cuore si frantumò. Era la prima volta, da quando ero lì, che mio padre mi chiedeva chi fossi. «Papà hai voglia di scherzare?» dissi con la speranza di un sì.

«Per chi mi hai preso, per un buffone? Potrei scherzare su una cosa del genere? Inoltre come ti permetti di parlarmi così. Chi sei?»

La bocca dello stomaco la sentii tremare e il cuore fermarsi. Mia madre mi guardò e mi disse: «Oggi si è svegliato così.»

Dovevo essere abituata a tutto questo. Dovevo già sapere com'era diventato mio padre. Ma sentirlo o vederlo in quelle condizioni mi trafiggeva il cuore. Dovevo solo accettare questo *nuovo* padre, ma non riuscivo.

Volevo urlargli addosso, volevo scappare da quella camera, volevo prenderlo a schiaffi. La rabbia si impossessò di me.

Forse mi ero illusa che quel viaggio mi avrebbe fatto vedere le cose in modo diverso. Tutto era strano, lo ammetto. L'incontro con i miei genitori, con Vanna e poi quel Babbo Natale che mi parlava, insomma speravo che questo viaggio potesse cambiare la realtà, ma no questo viaggio non l'avrebbe cambiata. Immaginavo che non avrei più sofferto, che mio padre avrebbe conservato il sorriso che aveva sempre avuto. Invece non era cambiato nulla. Allora perché ero lì se niente avrebbe cambiato la sua condizione. Perché rivivere in due posti diversi la stessa vita. Ma cosa stava succedendo. Ero sempre più confusa. Volevo piangere, urlare, ma improvvisamente sentii una voce, la solita voce.

*«Non è lui... non è lui... lui non cambierà... respira e cerca dentro di te la pazienza. Vedo che in questo momento l'hai persa. Cercala e poi agisci...»*

Feci un sospiro, cercai di calmarmi e pensai che forse quella voce aveva ragione, dovevo cercare la pazienza, che era andata via.

«Allora ho sbagliato giorno?» dissi a mia madre.

«Cosa volevi fare?»

«Ero venuta con delle vecchie foto per farle vedere a papà con la speranza che mi raccontasse qualcosa sul passato. Ma forse meglio lasciar perdere.»

«Cos'hai dentro quella scatola?» mi chiese mio padre mentre la stavo riponendo sul mobile. Con quei capelli neri arruffati e quei bellissimi occhi cerulei, si alzò dalla sedia e senza chiedere il permesso l'afferrò, la tenne stretta tra le mani e andò a sedersi. Mia madre mi guardò e con un cenno della testa mi fece capire che forse era il momento giusto. Mi sedetti sulla poltrona e mi avvicinai a lui, gli sorrisi. Lui ricambiò.

Era la prima volta che mio padre mi sorrideva in quel modo o forse ero io che per la prima volta vedevo il sorriso di mio padre. Iniziavo a vedere *Oltre*. Ricambiando il sorriso aprì la scatola e prese tra le mani la prima foto. Era sbiadita dal tempo. Nella foto c'era lui vestito da militare con un bellissimo mare che faceva da sfondo.

«Papà ti ricordi dove fu scattata questa foto?»

«Perché non dovrei? Certo che me lo ricordo. Qui ero in Sardegna stavo facendo il militare. Ah che bei ricordi. C'era anche Marco che non mi lasciava mai un attimo da solo.»

«Papà, ma chi è Marco?»

«Non lo conosci?»

«No.»

«Come mai non lo conosci? Non ti ricordi quando faceva la sentinella davanti alla caserma?»

«Papà io non ero ancora nata quando tu hai fatto il militare» risposi con una ferita al cuore ma con tanta forza per non chiudere la scatola e mandare tutto a quel paese.

«Non eri nata?»

Mia madre mi guardò e furono i nostri occhi a parlare per noi. Il nostro dialogo silenzioso durò solo pochi istanti ma capimmo che dovevamo accettare quel momento. Un momento frammentato per mio padre, un momento di buio. Dovevo prenderlo per la mano e tirarlo fuori dal tunnel. Lo guardai dritto negli occhi e poi gli feci una carezza sul viso. Sentii la sua pelle ruvida.

«Devi farti la barba» esclamai. Lui alzò la mano destra e si toccò l'altra guancia. «Hai ragione» e ricambiò il sorriso. Poi tolse la mano dal suo viso e accarezzò il mio: «Tu non hai bisogno di farti la barba, sei liscia liscia.»

«Sì papà, io non me ne faccio barba.»

«Ah, non te ne fai?»

«No.»

Riprese nuovamente la foto, la guardò per qualche secondo «Perché non ricordi Marco. Hai perso la memoria. Non ricordi quando andavamo al mare? Quel meraviglioso mare della Sardegna.»

*«Fai finta di ricordare»* mi suggerì una vocina all'orecchio.

«Adesso ricordo. Sì, Marco, molto simpatico, scherzoso. Ricordo che era pure un bel ragazzo.»

«Un bel ragazzo? Ahahah mi sa che non te lo ricordi bene.»

Sorridemmo all'unisono.

«Ma guarda chi c'è, questo è Luigi, con lui lavoravamo in Svizzera in una fabbrica di orologi» mi spiegò prendendo la foto in mano.

«Questa chi è?» mi disse subito dopo, prendendo un'altra foto dalla scatola.

Guardai mia madre. Lei capì. «Papi, ma questa è tua moglie!»

«Mia moglie?» sospirò e restò in silenzio per qualche secondo. «Ma io non ho moglie» disse mentre afferrava la foto precedente. «Ma guarda il mio collega della Svizzera, Luigi» mi guardò e sorrise.

«Lo ricordi ancora?»

«Ma certo, anzi prima o poi andrò a trovarlo.»

Ripresi la foto di mia madre e gli rifeci la domanda: «Papi guarda che bella qui tua moglie.»

«Ti ho detto che io non ne ho mogli!» rispose arrabbiato.

Era il momento di smetterla e andare via. Vidi mia madre con le lacrime agli occhi, e il mio cuore aveva già sopportato abbastanza.

«Papà io vado a fare una passeggiata fuori in giardino, ci vediamo più tardi.»

Quel viaggio stava diventando doloroso. Mi sentivo dentro un ciclone, dove, con i piedi in aria volteggiavo a testa in giù. Cominciavo a vedere tutto al rovescio, i colori sbiaditi e perfino le voci che mi circondavano tendevano a svanire. Pensavo che questo viaggio sarebbe servito a farmi rilassare, a trovare la pace interiore. Tea mi aveva fatto capire che sarebbe stato un viaggio alla ricerca di me stessa. Invece mi stavo perdendo nuovamente.

«Patry» una voce flebile mi chiamò. Voltandomi vidi Tea che si stava avvicinando.

«Ciao Tea.»

«Ciao Patry, come va?»

«Ti direi una bugia se ti dicessi bene.»

«Cosa succede?»

La guardai senza rispondere. Sentivo di voler esplodere in un pianto liberatorio. Mi trattenni, ma lei, come sempre lo percepì. «Perché vuoi piangere? Non ti aspettavi di trovarlo in queste condizioni?»

«Mi fa solo male vederlo così.»

«Lo so. Ma devi essere forte, non cedere. Non farti sconfiggere dal nemico. Tuo padre ha bisogno di te e di tua madre. Siete voi la sua unica forza, anche se è straziante.»

«Tea perché mi trovo qui assieme ai miei genitori?» Improvvisamente le feci questa domanda a brucia pelo. Perché ero lì, perché tutto mi sembrava così strano, perché era Natale, perché l'aereo non era caduto? Quanti perché galleggiavano nella mia mente.

«Patry, non c'è un perché. Il tuo posto adesso è qui. Devi solo entrare nel labirinto della vita e uscirne vittoriosa.» Tea prese fiato e continuò: «Adesso torniamo dentro, inizia a fare freddo.»

Quella sera a cena era tutto perfetto. I miei genitori erano sereni. Vanna era elegante, indossava un bel tailleur blu elettrico e dei tacchi dieci che la facevano apparire una fotomodella. Tea come sempre era super raffinata. «Buonasera Patry, accomodati, stavamo aspettando solo te.»

In questo luogo sembrava mancassero pochi giorni a Natale e il solo pensiero mi rendeva triste. Mi dissero che lì il Natale si festeggiava quando arrivavano ospiti speciali. Erano giorni di grande festa. Era il Natale dei miracoli, un giorno in cui ognuno festeggiava il proprio personale miracolo avvenuto durante l'anno. Quel posto era proprio strano. Volevo trovare presto il senso di quel viaggio, perché volevo tornare dai miei figli.

Ero lì, seduta con le persone più care. Mi trovavo dentro un *viaggio* che neanche io immaginavo di poter fare. Mi trovavo in un percorso che mi obbligava a rivivere il passato e andare *Oltre*.

Mi domandavo se sarei tornata a casa cambiata. Questo viaggio cosa doveva lasciarmi? Ancora non l'avevo proprio capito. Destinazione rimpianti c'era scritto sul biglietto aereo. Ma quali erano i miei rimpianti? Cosa dovevo fare per capire dove stavo sbagliando? Troppe domande, che non mi aiutavano assolutamente. Sarei tornata con qualche risposta? Avrei passato il check-in del rientro con un bagaglio pieno di certezze?

L'avrei saputo solo al mio rientro.

«Patry» mio padre dopo tanto tempo aveva sussurrato il mio nome.

«Sì papà, dimmi.»

«Tu dici di essere mia figlia?»

«Non dico, io lo sono.»

«Allora se sei mia figlia domani mi potresti accompagnare alla stazione?»

«Ma cosa devi fare alla stazione?»

«Voglio fare un viaggio. Voglio ritornare nei luoghi di quelle foto e poi scattare altre foto così le conserverò e le farò vedere a tuo fratello e si ricorderà di me.»

«Papà ma io non ho fratelli. Cosa vuoi dire?» Come al solito certi discorsi di mio padre non avevano senso.

«Capirai!» esclamò.

Non chiesi spiegazioni, inutile farlo. Mio padre mi aveva chiesto di fare un viaggio in treno, non so cosa gli passasse per la mente, ma quel giorno decisi di esaudire il suo desiderio. Lo avrei accontentato e saremmo tornati per il Natale dei miracoli, come lo chiamavano loro, a cui non potevamo mancare.

*Tutti abbiamo le nostre macchine del tempo, alcune ci riportano indietro, nei ricordi, altre in avanti, nei sogni.*

*Lentamente passeggiamo nella nostra mente sperando di trovare stanze piene di ricordi che sapevamo di avere perso.*

*Troviamoli, conserviamoli e poi...*

*Poi salviamoli...*

*Prendiamo quel treno. Il treno della vita*

*Patty C.*

*Il treno della vita permette di vivere esperienze uniche e indimenticabili: ogni fermata rappresenta un momento di crescita e cambiamento, offre la possibilità di incontrare persone speciali e scoprire luoghi affascinanti. Ogni volta che sali a bordo, ti aspetta una nuova avventura.*

*Il treno della vita ti offre la libertà di scegliere la tua destinazione: puoi decidere di mantenerti sulla stessa linea o cambiare rotta in qualsiasi momento. Hai il potere di decidere quale strada prendere e quale direzione seguire, permettendoti di raggiungere i tuoi obiettivi e realizzare i tuoi sogni.*

*Il treno della vita ti insegna la capacità di adattarti ai cambiamenti: ogni tratta offre diversi paesaggi e situazioni, e imparare a gestire le varie sfide che la vita ti presenta ti renderà una persona più forte e resiliente. Attraverso i cambi di percorso e i momenti di transizione, avrai l'opportunità di imparare qualcosa di nuovo su te stesso e sul mondo che ti circonda.*

**-web-**

# VIAGGIO VERSO RICORDI PERDUTI

Il giorno dopo andai in camera da mio padre «Sei pronto per partire?»

Mia madre gli aveva fatto indossare il maglione che gli avevo regalato qualche Natale prima. Era verde con degli alberi di Natale bianchi disegnati sul bordo del maglione. «Ma che bello questo maglione» lo riempii di complimenti.

«Ti piace?»

«Sì.»

«Anche a me.»

«Te l'ho regalato io, ricordi?»

«Questo maglione me l'ha regalato mia figlia» con la mano destra prese la manica del braccio sinistro e se la tirò fino a coprirsi la mano.

«Scommetto che te l'ha regalato tua figlia Patry.»

«Esatto.»

Lo abbracciai e lui ricambiò. Il suo profumo mi restò dappertutto. Mia madre adorava profumarlo.

«Andiamo?»

«Pronto.»

«Ciao mamma.» presi per mano mio padre e andammo via.

«Ciao mamma» disse lui salutando mia madre.

Nella hall c'era Tea che ci attendeva.

«Ecco qui i due biglietti per il treno. Fuori troverai un taxi che vi porterà direttamente alla stazione. Lì salirai sul treno che vi porterà a destinazione.»

«Grazie Tea.»

«Osservate tutto quello che vi circonda» Tea mi guardò dritta negli occhi, come se volesse dirmi altro.
«Ascolterò il tuo consiglio.»

«Vedrai qualcosa di magico.»

*Il passato è l'elemento più fragile: sbiadisce sempre. E il più stabile: non cambia mai.*

(Alessandra Paganardi)

Il tassista ci fece scendere davanti alla stazione e così salimmo sul treno in attesa al primo binario.

«Scusi dove porta questo treno?» chiesi al capostazione

«Tra un'ora sarà ai Ricordi Perduti.»

«Cosa ha detto? Non ho capito.» risposi incredula

«Ricordi Perduti è la prima fermata. Non ha letto sul biglietto?»

Tenevo due biglietti, inconsapevole di averli tra le mani, e lessi carrozza *sette*, posti *diciassette/diciotto* classe *seconda,* partenza *Rimpianti,* arrivo *Ricordi Perduti,* orario *senza orario*.

Lo guardai, come si guarda un extraterrestre, pensai che fosse folle, e salii sul treno aiutando mio padre a salire i gradini. Ci accomodammo, e feci sedere mio padre dal lato del finestrino.

«Papi sei contento? Ti piace questo treno?»

«Sì, mi ricorda il trenino rosso del Bernina quando lavoravo in Svizzera.»

Lo guardai teneramente e gli strinsi la mano. Il treno partì. Mi guardai attorno e vidi pochissima gente. Forse era una tratta non molto frequentata. Cercai di rilassarmi e così mi appoggiai sullo schienale e chiusi gli occhi.

Improvvisamente sentii chiamare «Patry svegliati guarda fuori» mio padre entusiasta mi strattonò con la mano e così aprii gli occhi. Fuori c'era uno spettacolo mozzafiato. Passavamo dalle verdi distese di campi ai bianchi ghiacciai. Pascoli, campi innevati, sembrava un quadro fiabesco. Salite, discese, pendii, viadotti in pietra, curve, gallerie, pendenze, il tutto mentre il paesaggio fuori dal finestrino cambiava continuamente, tra città, laghi, pianure, boschi, rifugi, piste da sci, insomma uno spettacolo da film.

«Ma dove siamo?»

«In Svizzera, te l'ho detto che questo era il trenino del Bernina» disse mio padre sorridendo.

«Ti ricorda qualcosa?»

«Ma certo, qui ci lavoro. Lavoro in una fabbrica di orologi. Inserisco le lancette, un lavoro di precisione sai!»

«E tu riesci…»

«Riesco? Sono il migliore.»

«Scendiamo alla prossima fermata?» Lo vidi molto entusiasta, sembrava un bambino appena entrato in un negozio di balocchi.

«Sì, mi piacerebbe.»

«Perfetto, preparati perché siamo quasi arrivati.»

Lui si avvicinò e mi diede un bacio sulla guancia. I suoi occhi brillavano di gioia, sembrava avesse recuperato la memoria. «Scendiamo, il treno si sta fermando» urlò mio padre.

Fortunatamente quel giorno mi vestii abbastanza pesante, perché c'era un freddo glaciale.

«Seguimi, ti porto nella fabbrica dove lavoro.» Mio padre era molto felice, afferrandomi la mano mi tirò con sé. Sembrava avesse premura, come se qualcuno lo stesse aspettando.

«Possiamo andare anche a piedi. La fabbrica è a dieci minuti dalla fermata del treno.»

E così lo seguii. Con quei capelli ribelli e con quel fisico ancora longilineo sembrava un ragazzino. Percorremmo una strada di campagna, ebbi fiducia in lui, la sua sicurezza mi confortava. Pochi minuti e arrivammo in un piccolo borgo. Anche lì era Natale. Gli addobbi erano dappertutto. Le case erano illuminate da lucine colorate che si alternavano tra loro. I negozi avevano dietro le porte decorazioni personalizzate: omini di pan di zenzero, alberelli natalizi, placche natalizie con varie scritte, insomma si respirava aria di Natale. Anche il profumo dei panettoni, forse fatti in casa, veniva percepito dalle mie narici.

«Dai sbrigati, allunga il passo» implorava mio padre.

«Un attimo, sto guardando le meraviglie di questo borgo.» Quel borgo mi aveva incantata, il paesaggio era veramente da favola. Forse il Natale non era così brutto come l'avevo sempre vissuto, pensai guardandomi attorno.

Uscimmo dal borgo e imboccammo una strada rurale, solo pochi metri e arrivammo davanti a una struttura di vecchia costruzione. Mio padre varcò un portone ed entrammo in una sala che odorava di umido.

Un signore di circa quarant'anni ci accolse.

«Buongiorno, cercate qualcuno?» ma subito dopo continuò «Gino, amico mio sei tornato.»

«Luigi che bello rivederti» mio padre gli andò incontro e si abbracciarono affettuosamente.

«Ti trovo in perfetta forma» disse Luigi guardandolo dopo il lungo abbraccio. «Ci sei mancato. Non vedo l'ora che torni a lavorare.»

«Eccomi qui, pronto.»

«Questa bella ragazza, chi è?»

«Lei è mia figlia.»

«Piacere Patry» salutai porgendogli la mano, mentre lui ricambiò.

«Vecchio mio cosa mi racconti?»

«Intanto non sono vecchio» sottolineò mio padre.

«E qui hai proprio ragione» Luigi gli diede una pacca sulla schiena e sorrise.

«Luigi posso solo dirti che sono felice di essere tornato qui.»

«Papà sei felice?» gli domandai incredula.

«Sì, perché non dovrei esserlo?» mi disse sorridendo.

Questo viaggio mi stava portando *oltre* la realtà. Era come se mi trovassi dentro un vortice a volteggiare senza capire dove fossi, un po' come Alice nel paese delle Meraviglie. Non capivo se mio padre fosse consapevole della sua malattia o se il viaggio aveva cancellato la malattia. Ero confusa e catapultata in un'altra realtà e dovevo essere io a capire dove mi avrebbe portato. Ma non lo capivo ancora.

«Certo che devi essere felice» declamai a mio padre.

«Non dovrei esserlo perché il mostro è venuto a farmi visita?»

La sua domanda questa volta mi confuse, anzi mi fece sentire come se una lama fredda mi trapassasse il cuore.

«Ma chi sarebbe questo mostro?» domandò Luigi.

«È tedesco.»

«Tedesco?» ripeté l'amico.

«È venuto da me perché vuole portare via tutti i miei ricordi. E io sai cosa ho deciso di fare, prima che lui me li porti via? Un viaggio per ripercorrerli e viverli nuovamente.» aggiunse mio padre.

Ecco dove mi trovo. Mi trovo nei ricordi perduti di mio padre, pensavo mentre lo ascoltavo parlare con Luigi.

«Gino non capisco cosa vuoi dire.»

«Amico mio ho l'Alzheimer» esclamò mio padre.

«Oh mi dispiace tanto.»

«Non dispiacerti. Volevo rivederti, e ricordare assieme i bei tempi andati. Sei sempre allegro, solare e mattacchione...»

«Mattacchione? Ah sì quello sempre.»

«Allora cosa ne pensi se facessimo qualche pazzia come anni fa, quando uscivamo assieme?»

«Datemi cinque minuti e vi porto al lago.»

«E cosa dovrebbe essere questa pazzia?» domandai corrugandomi la fronte.

«Pochi minuti e vedrai.» Mio padre sembrava ringiovanito. Il suo viso era rilassato e luminoso. E il suo sorriso era così contagioso che sorrisi anch'io.

Luigi con la sua utilitaria bianca ci portò su un piccolo lago. Lo scenario che mi accolse sembrava quello di una cartolina, il lago era circondato da verde intenso e con le acque dalle mille sfumature di blu.

Mi avvicinai e vidi la mia immagine riflessa. Quello che vidi mi piacque. Ero anch'io serena e sembravo pure felice.

«Pronta?» mi disse Luigi.

«Pronta per cosa?»

«Pronta per un bel bagno?»

«Un bagno? Qui? Nel lago? Ma l'acqua sarà congelata!»

«Tesoro allora perché parlavamo di fare qualche pazzia? Quando lavoravo qui con Luigi lo facevamo spesso, non sai come ti sentirai rinata dopo una bella nuotata.»

«Papi ma sei matto?»

«No, sono euforico.»

«Ma avete i costumi?» ci chiese Luigi.

«No, lo facciamo con gli slip» rispose mio padre.

«Ma siete veramente impazziti» sorrisi. Quei due erano veramente due mattacchioni.

«Patry se vuoi lì in fondo c'è una piccola bottega dove vendono costumi. Vai e dì che pagherò io» mi suggerì Luigi.

La bottega era a circa cinquanta metri dal lago e così con passo svelto ci andai. La strada era stretta e immersa tra gli alberi, sembravano dei grandi abeti maestosi che mi proteggevano. Erano chini: io li guardavo e loro guardavano me. Il sole che filtrava tra i rami mi abbagliava a fasi alterne, facendomi perdere il senso dell'orientamento.

C’era freddo e io stavo andando a comprare un costume.

Dovevo essere per forza matta.

Arrivai davanti alla bottega. Sembrava un classico chalet di montagna. Entrai ma non vidi nessuno. Un buono odore di vaniglia era nell’aria.

«Prego» una voce dietro le mie spalle mi fece sobbalzare.

«Salve sto cercando un costume da bagno» alzai lo sguardo e vidi un viso conosciuto.

«Signora Miranda!» esclamai continuando a guardarla. «cosa ci fa lei qui?»

«Signorina Patry che bella sorpresa!» esclamò «Dov’è Tea?» domandò.

«È rimasta in albergo.»

«Mandale i miei saluti. Adesso dimmi come lo vuoi questo costume?»

«Ma lei cosa fa qui?»

«Tesoruccio, poco importa. Sono qui per aiutarti a cercare un bel costume. Guarda qui, ti piace questo?» prese un bikini da un cassetto e me lo sventolò davanti agli occhi. Era verde smeraldo, molto semplice con dei laccetti laterali sugli slip.

«Perfetto.»

«Provalo, è la tua taglia.»

Lo provai, sembrava cucito su misura per me.

«Sei uno schianto!» esclamò Miranda

Mi guardai allo specchio e vidi una Patry più giovane dalla pelle liscia ed elastica e dall'incarnato radioso, con una folta chioma nera.

«Stai bene Patry, questo verde mette in risalto il tuo viso» mi sussurrò la signora Miranda da dietro le spalle guardandomi riflessa allo specchio.

«Luigi e tuo padre ti staranno aspettando, non farli attendere.»

«Ma… ma come sa che sono con mio padre?»

«Tesoruccio, io so tante cose. Tuo padre è un uomo dal cuore d'oro.» Le parole di Miranda mi echeggiarono attorno. La guardai, ero felice per ciò che aveva detto.

«Sai cosa fece un giorno? Siediti che ti racconto» sorrise Miranda.

In quella bottega si stava bene, c'era caldo per restare in costume e così mi sedetti su uno sgabello fatto di bambù. «Sono tutta orecchie.»

«In fabbrica, dove lui lavorava, un giorno arrivò un ragazzo in cerca di lavoro, era disperato, aveva una figlia piccola e non sapeva come darle da mangiare. Gli dissero che erano al completo e lo mandarono via. Sai cosa fece tuo padre?» Miranda si avvicinò, prese un altro sgabello e si sedette davanti a me.

«Non ho proprio idea» Non riuscivo a immaginare cosa potesse aver fatto o detto mio padre.

«Disse al titolare dell'azienda che si sarebbe licenziato per dare il posto a quel ragazzo» mi sussurrò avvicinando il suo viso.

Involontariamente mi scese una lacrima. Era una lacrima di felicità. Mio padre era un uomo generoso, ma non credevo fino a quel punto.

«Mio padre non mi ha mai raccontato nulla di questo ragazzo.»

«Cara Patry tu non sai molte cose di tuo padre. Ma credimi ne scoprirai tante in questo viaggio dove lui ti ha trascinato.»

«Quel ragazzo è riuscito ad avere il lavoro?»

«Sì mia cara, ha avuto il posto e tuo padre non è stato licenziato. Quel gesto restò nei cuori di tutti, come d'altronde è nei cuori di tutti anche tuo padre.»

«È stato sempre un uomo generoso» sottolineò «anche se conosco poco di lui.»

«Adesso vai ti staranno aspettando.»

«Quanto ti devo per il costume?»

«Nulla, vai non li fare attendere. Divertiti. Goditi questo viaggio, cogli ogni attimo, anche quello più insignificante. Vedrai che un giorno diventerà un ricordo così bello, da custodire per sempre. Vai, ci vediamo presto.»

Col cuore sereno e la mente spensierata andai da mio padre.

«Aspettavamo te. Sei pronta?»

«Ma l'acqua sarà freddissima» bofonchiai.

«Certo, allora dove sta la pazzia? Buttati!» Mio padre con un rapido gesto si immerse nel lago e Luigi lo seguì.

«Coraggio buttati» urlò Luigi battendo i denti dal freddo.

«Ma voi due siete proprio matti» urlai per farmi sentire.

Mio padre rideva spensierato schizzava l'acqua addosso a Luigi, e così presi coraggio, mi tolsi i vestiti, contai fino a dieci e mi buttai anch'io «Oddio non è poi così fredda» urlai divertita. Era dicembre, doveva esserci molto freddo e l'acqua doveva essere congelata, ma anche lì tutto era strano. Le temperature sembravano primaverili e l'acqua del lago era quasi piacevole. Iniziavo ad abituarmi a tutte quelle cose strane. Non mi facevo più domande, tanto ero sicura che non c'era nessuna risposta che potesse avere un senso.

«Mi avete preso in giro!» esclamai mentre nuotavo soddisfatta.

«E perché pensi questo?» domandò mio padre.

«Perché l'acqua non è così congelata. Certo non è neanche calda, ma sopportabile. Pensavo di ibernarmi.»

«Patry non dare per scontato le cose. Sai la vita è sempre una sorpresa, mai aspettarsi nulla. Mai avere certezze, l'unica certezza che devi avere è la morte, figlia mia.»

Adesso i matti erano tre che sguazzavano in un lago della Svizzera.

«Devo conservare con cura questi ricordi. Dovevo assolutamente venire qui. So che presto mi verranno rubati e prima che succeda dovevo ripercorrerli» specificò mio padre «Luigi grazie di tutto, adesso il mio viaggio deve continuare. Dobbiamo lasciarti, il tempo è breve ci perseguita e non voglio che mi prenda.»

«Ciao Gino ci vediamo, spero nei tuoi ricordi.»

Tornammo nuovamente sul treno. Questa volta era pieno. Solo pochi posti restarono liberi. La vista fuori dal finestrino era ancora da favola, e io restai incantata come sempre. Dopo qualche ora mio padre mi avvisò che dovevamo scendere alla fermata successiva.

«Dove stiamo andando adesso?» chiesi confusa.

«In un altro bellissimo ricordo, anzi il ricordo più bello della mia vita, quello che non vorrei mai perdere.»

I suoi occhi erano luminosi, un sorriso era disegnato perfettamente sulle sue labbra e la sua voce sembrava una musica melodica, quelle musiche rilassanti che ti invitano a sognare appena chiudi gli occhi. Non gli chiesi più niente e lo seguii.

*La vita è una fiamma che via via si consuma, ma che riprende fuoco ogni volta che nasce un bambino. (George Bernard Shaw)*

Non eravamo più in Svizzera. Sembrava di essere in una città che conoscevo.

Ero nella mia città

La mia Catania barocca, esuberante, eclettica. La mia città multicolore, dal candore sfavillante degli stucchi barocchi al nero lavico dell'elefante . Pensai ai miei figli e a mio marito. Chissà se erano preoccupati per me. Non li avevo più sentiti da quando ero partita, mi rabbuiai. Cercai di non pensarci e silenziosamente seguii mio padre. Non avevo la minima idea di dove mi stesse portando. Camminammo lungo una strada frequentata. Un vento freddo e leggero mi accarezzò il viso. Ero confusa. Il viaggio che avevo intrapreso mi sbalzava da una stagione all'altra, da luoghi troppo distanti tra loro per essere percorsi in breve tempo.

Non c’era nulla di sensato, ma continuai a seguire mio padre, era il suo viaggio, dentro il mio.

«Sbrigati che siamo in ritardo, mancano solo venti minuti.»

«Venti minuti per cosa?» chiesi col fiatone.

«Al grande evento, al ricordo più emozionante della mia vita. Sbrigati non voglio assolutamente perderlo. Deve restare con me. Prima che qualcuno lo porti via devo rivederlo, devo viverlo di nuovo. Lui me lo porterà via e io non sarò più nessuno. Sarò svuotato.»

Arrivammo davanti a una grande struttura. Era una clinica.

Cosa dovevamo fare dentro una clinica? Mi chiesi perplessa.

«Stai per assistere al ricordo che mi ha cambiato la vita.»

Forse avevo capito di quale ricordo stesse parlando, ma aveva proprio dell'incredibile se era quello che stavo pensando.

Lo seguii sempre a passo veloce. Entrammo, ci accolse subito un'infermiera dall'aria svampita.

«Prego, chi state cercando?»

«La signora Angela.»

«Primo piano, sala parto.»

Mio padre guardò l'orologio e iniziò ad allungare il passo. Lo seguii emozionata, avevo capito dove stavamo andando ed ero così eccitata che lo superai: «Dai papi, più veloce, sbrigati» gli urlai voltandomi. Arrivammo davanti la sala parto. Ci fermammo aspettando che il fiatone si calmasse, e mentre aspettavamo per entrare vidi appeso sul muro un calendario. La pagina era sul mese di marzo, ma non sapevo che giorno fosse, anche se potevo immaginare.

Un'infermiera si avvicinò «Il marito della signora Angela?»

«Sì» rispose mio padre felice.

«Prego, potete entrare, la signora sta per partorire» ci avvisò mentre andava via.

«Mi scusi, posso chiederle un informazione.»

«Prego» mi rispose voltandosi.

«Che giorno è oggi?»

«Lunedì, undici.»

D'improvviso sentii urlare e assieme a mio padre entrammo in sala parto. Sdraiata su un lettino con delle maniglie laterali e delle staffe dove erano poggiati i piedi c'era una donna. La guardai attentamente. Era giovane, portava una cuffietta in testa ma capii subito che era mia madre.

«Spinga signora, forza, ancora un altro po'» le urlava il dottore. «Non si fermi, forza un ultimo sforzo» continuava a urlare.

«Tesoro, amore mio, sono qui» mio padre avvicinatosi le prese la mano e iniziò a sussurrarle parole dolci.

Ma mia madre non ne volle sapere. Continuava a urlare. Era pallida e dei rivoli di sudore le scendevano dal viso. «Non ce la faccio più» continuava a urlare. La sua voce era così stridula che improvvisamente entrò un'altra dottoressa «Avete bisogno d'aiuto?»

«Tutto nella norma. Il bambino ha la circonferenza della testa abbastanza ampia e la signora ha poco elasticità, ma con qualche sforzo in più riuscirà a partorire.»

Quella sala parto doveva essere magica, perché stava donando a mio padre il più bel ricordo della sua vita, cioè me. Sua figlia stava per nascere regalandogli la gioia di diventare padre, un padre che avrebbe dovuto starle accanto per tanti anni, ma in quel momento non importava se non sarebbe stato così. Era troppo felice…

Inerme, lì in quella sala, assistetti alla mia nascita e alla gioia dei miei genitori.

Quel viaggio mi regalò delle emozioni che andarono *oltre* il velo dell'immaginazione.

Per questo, mio padre, volle essere lì, nuovamente, per poter memorizzare quel momento e conservarlo in qualche angolo segreto della sua mente, anzi pensò di conservarlo nel suo cuore, perché la sua mente stava per diventare preda del mostro tedesco.

Un carrello con tutti gli strumenti che potevano servire per il parto era accanto al lettino con l'apparecchiatura per monitorare i battiti cardiaci che in quel momento sembravano essere un po' alti.

«Forza signora Angela un ultimo sforzo.» Il dottore, un uomo di circa cinquant'anni con due occhi grandi e azzurri messi in risalto dalla mascherina bianca che indossava, sembrava stanco anche lui. «Vedo la testa, forza signora ci siamo quasi.»

«Amore mio, nostro figlio sta nascendo» disse mio padre con voce tremante.

Ma mia madre continuava solamente a urlare senza proferire parola. Urlava, urlava e urlava, fino a quando sentii il pianto di un bambino. Cavolo ero proprio io che gridavo al mondo che ero nata.

«Amore è femminuccia. Abbiamo una figlia» esultò mio padre con le lacrime agli occhi.

«È femmina?» sussurrò mia madre con voce debole.

«Sì, è proprio femmina.»

Mia madre sorrise e subito dopo si lasciò andare a un pianto. Le infermiere presero la bambina e la portarono tra le braccia di mia madre e mio padre. «Amore guardala è bellissima.» Mio padre singhiozzava come un bambino.

«Assomiglia tanto a te, per questo è bellissima» aggiunse mia madre mentre la guardava con occhi teneri.

«Era proprio questo il ricordo che volevo rivivere e conservarlo per sempre. Questo ricordo presto mi sarà portato via. Ho paura tesoro mio. Ho paura di non ricordare tutto questo. Come farò se un giorno succederà.»

«Cosa stai blaterando?» domandò mia madre.

«Che mi hai reso l'uomo più felice del mondo. Che ti amo, che amo questa bambina, che amo la nostra famiglia e che vorrei che restassimo sempre così, avvolti in questo meraviglioso amore che portiamo dentro, vorrei che i nostri ricordi restassero per sempre nostri e che nessuno tentasse di portarli via.»

«Chi dovrebbe portarli via?» Mia madre era confusa, non riusciva a capire.

Mio padre prese in braccio la bambina e la guardò come si guarda una perla preziosa e sussurrò «Tesoro, lo so non puoi capirmi, ma devi sapere che sei e sarai la cosa più importante della mia vita. Sei bellissima.» la baciò delicatamente sulla fronte e la poggiò nuovamente tra le braccia di mia madre.

«Signor Biagio come si chiama questa bellissima bambina?» domandò un'infermiera mentre la prendeva in braccio per portarla per i controlli generali.

«Si chiama Patrizia, ma per me sarà sempre la mia piccola Patry.»

«Vedo che al solo pronunciare il suo nome le sorridono gli occhi.»

«Sono strafelice, si nota?»

«Si nota? Si vede da lontano» continuò l'infermiera.

Portarono mia madre in stanza invitandoci a seguirla. Notai che mia madre non mi vedeva, era come se fossi invisibile ai suoi occhi. Forse era la magia di quel viaggio, ma come sempre non mi feci nessuna domanda, tanto avevo capito che non c'erano risposte.

Arrivati nella stanza c'erano altre due donne che dovevano partorire. Le loro pance sembravano delle mongolfiere e non erano per nulla preoccupate.

«Qui dentro c'è freddo» disse mio padre alzandosi il colletto del maglione.

«Papi ma si sta benissimo, anzi c'è anche caldo.»

«Questo vento mi sta facendo rabbrividire.»

«Ma le finestre sono chiuse. Non c'è vento te lo assicuro.» Lo guardai e vidi che era diventato pallido. Forse la malattia lo stava indebolendo, ma eravamo nel 1974 e lui non doveva essere malato. Cosa gli stava succedendo?

«Tesoro adesso devo andare via. Forse ho la febbre. Vado a riposarmi» mio padre diede un bacio sulle labbra a mia madre e lei ricambio con un forte abbraccio. «Abbi cura di nostra figlia.»

«Perché parli così?» domandò mia madre preoccupata.

«Nulla tesoro mio, vi voglio ricordare così. Tu bellissima e lei» rivolgendo lo sguardo nella culla dove c'ero io che dormivo beatamente «un gioiello da custodire gelosamente.»

Voltandosi verso di me disse:«Adesso dobbiamo andare via, ricordati il tempo mi è nemico. Non dobbiamo assolutamente farci superare. Andiamo.»

«Da quella parte, presto il treno sta per partire» un'infermiera ci indicò l'uscita di sicurezza della clinica che doveva portarci più velocemente al treno.

«Grazie.» l'infermiera aveva capito che il tempo ci stava inseguendo e se ci avesse presi sarebbe stata la fine di quel viaggio. Per questo motivo la ringraziai per essere stata così gentile nell'indicarci la strada giusta per poterlo ingannare.

«Di nulla mia cara Patry.»

«Signora Miranda!» esclamai con stupore guardando l'infermiera. Ma… ma lei qui…»

«Non farmi domande. Corri è tardi, prosegui questo viaggio non far perdere a tuo padre quei ricordi speciali. Accompagnalo.»

«Dai Patry, sbrigati» urlò mio padre mentre con passo veloce uscì dalla clinica

«Signora Miranda la saluto, spero di rivederla presto.» mi voltai verso mio padre e lo seguii con passo svelto.

*Quello che mi piace del Natale è che si può far dimenticare il passato alle persone con il presente*

*(Don Marquis)*

Il treno stava per partire, ancora qualche altro metro e saremmo saliti.

«Sbrigatevi stiamo chiudendo le porte» ci urlò il capostazione.

«Papi sei stanco?»

«Assolutamente, dai corriamo.»

Il fiatone ci accompagnava e i battiti erano arrivati all'estremo.

Salii per prima e voltandomi tesi la mano a mio padre

«Afferra la mia mano» gli urlai.

Lui l'afferrò e lo aiutai a salire.

Ci sedemmo ai nostri posti. Con mani tremanti e il fiato corto, mi appoggiai sullo schienale del sedile ed emisi un sospiro di stanchezza.

«Maledetto tempo. Ci sta prendendo.» Mio padre bestemmiò. «Se riuscirà a prendermi non potrò più entrare nei miei ricordi.»

I suoi discorsi mi mandavano in confusione ma cercai di assecondarlo. «Tranquillo papà, non ci prenderà, noi siamo sempre più veloci di lui» gli sorrisi e lo abbracciai. Lo abbracciai spesso in quel viaggio, un gesto che a me mancava e che cercai di conservare come un buon ricordo. Un gesto che per colpa del tempo, non ero riuscita a fare spesso fuori da quel viaggio.

Il treno attraversò diverse città. Eravamo quasi al tramonto, dovevamo tornare in albergo ma mio padre aveva l'ultimo ricordo da rivivere. Il tempo ci stava veramente raggiungendo. Il sole era pallido, ma ancora i suoi raggi riuscivano ad attraversare il finestrino e delicatamente accarezzarci il viso. Guardai mio padre, lui era distratto dal paesaggio che ci stava regalando quel viaggio in treno. I lineamenti erano di un giovane ragazzo in cerca della sua vita. In cerca della vita quasi perfetta. Che mai ebbe...

«Guarda lì in fondo. Sai cos'è quella grande cupola?» mio padre si voltò verso di me con un sorriso smagliante. Gli occhi sotto i raggi del sole sembravano verde smeraldo, era veramente un bell'uomo.

«No papi, non so cosa sia.»

«Dentro quella cupola c'è un grande orologio.» Avvicinò lo sguardo al finestrino. «L'unico orologio che riesce a rallentare il tempo. Solo pochi riescono a crederci e io ci ho sempre creduto. Perciò adesso mi sento più tranquillo.»

«Perché?»

«Perché se sono riuscito a vederlo, vuol dire che ci concederà il tempo dovuto.»

Mio padre credeva in questo tempo. Tempo che gli consentiva di rivivere i suoi ricordi. A volte dicono che il tempo è prezioso. E per mio padre in quel momento era l'unica cosa di bello che gli era rimasta. Gli stava regalando delle emozioni indescrivibili, dei bellissimi ricordi, ma c'era il rovescio della medaglia: questo meraviglioso tempo sarebbe finito, e per mio padre significava tutto. Sarebbero finiti i suoi ricordi, piano piano si sarebbe spento. Il tempo a sua disposizione si stava sciogliendo come una candela accesa da tempo.

«Figlia mia come diceva Bianconiglio ad Alice, a volte il per sempre può essere anche un solo secondo, e io voglio sfruttare questo secondo. So benissimo che non avrò altra occasione di rivivere i miei ricordi. Il mio tempo è troppo breve. La mia mente si consuma in fretta, troppo in fretta, ma sono convinto che, con te e mamma accanto, i miei ricordi non moriranno mai» mi prese la mano, la strinse e con l'altra mi accarezzò il viso, asciugando quella lacrima che scappò involontariamente.

Questa volta il viaggio fu più lungo. Passammo per tanti bei posti. In alcune città era inverno, in altre estate, il mare che vedevo dal finestrino era splendido, come la neve che ricopriva molte città, i prati fioriti e gli alberi spogli. Era tutto inverosimile, ma ormai mi stavo abituando.

«Ultima fermata» urlò il capostazione.

«Dobbiamo scendere» mi invitò mio padre.

Scesi dal treno e fui investita da un freddo pungente. Tutti indossavano dei cappotti pesanti. L'abbigliamento era stravagante. Molte donne indossavano gonne a quadretti o floreali sopra i leggings, altri portavano solo leggings con colori fluorescenti, pantaloni in pelle e giubbotto simile.

Mi fermai davanti a un'edicola e afferrando un giornale lessi la data, 24 dicembre 1981.

Bene, siamo negli anni ottanta e tanto per cambiare siamo a Natale, pensai.

«Adesso dove dobbiamo andare?»

«Adesso dobbiamo andare a prendere l'autobus.»

Uscimmo dalla stazione e andammo alla fermata dell'autobus. In attesa che arrivasse osservai la città che mi apparve accogliente. Aveva piovuto, e le pozzanghere riflettevano le luci natalizie. Era già buio, si sa in inverno le giornate durano poco. Ai bordi dei marciapiedi c'erano residui di neve. Le vetrine dei negozi erano addobbate e trasmettevano allegria. Gli addobbi e le luci attiravano l'attenzione di molte persone. Osservandolo sembrava un luogo di fantasia, di quelli che sogni da bambino e che regalano speranze. Un maestoso albero natalizio prendeva la scena al centro della piazza. I campanelli appesi ai rami e mossi dal vento suonavano una musica nostalgica. La gente che vagava per la città sembrava avere un'espressione che trasudava felicità. Mi avvicinai a un negozio e mi specchiai nella vetrina dove pacchi rivestiti d'oro e d'argento adornavano scarpe e abiti eleganti. Le luci colorate si alternavano riflettendo me bambina. Osservando con più attenzione mi vidi seduta a tavola con mio padre e mia madre.

«Quella sei tu, tua madre e io. Che bel ricordo» pronunciò mio padre specchiandosi anche lui nella vetrina.

La gente continuava, alle nostre spalle, a passeggiare tranquilla con pacchetti e buste tra le mani. Da un mercatino accanto alla piazza proveniva un buon odore di vin brulè, era una sensazione che non avevo mai provato. Iniziavo ad amare sul serio il Natale?

«Guarda come siamo felici» continuò mio padre osservando attraverso la vetrina.

La tavola era imbandita con tante pietanze. Doveva essere Natale, ed eravamo soli, ma non importava perché sembravamo veramente felici. Sul tavolo c'era della scacciata, patate al forno, insalata russa e del baccalà fritto. L'albero di Natale era posizionato all'angolo della stanza. Era strapieno di palle colorate, e tante luci che si alternavano creando effetti particolari.

Eravamo nel 1981 perciò dovevo avere sette anni. Portavo i capelli corti, ero una bambina non molto alta con un fisico esile. Indossavo una salopette di jeans e le classiche scarpe con gli occhi.

«Tesoro vuoi un altro pezzo di scacciata?» mi domandò mia madre.

«Grazie mamma, ma sono piena, ho il pancino che mi sta scoppiando.»

«Amore, io non sto scoppiando, puoi darla a me» mio padre gli porse il piatto e sorrise.

La scena che continuammo a guardare dalla vetrina era di una famiglia felice in un Natale sereno. Mio padre sorrideva e giocava con me. Notai che mi baciava e abbracciava di continuo.

Questi gesti mi colpirono perché io non li ricordavo affatto. Anzi avevo sempre pensato che lui non l'avesse mai fatto così come io non lo facevo con lui. Invece attraverso quella vetrata vidi che ricambiavo con affetto il suo abbraccio.

L'orologio appeso sulla parete di casa segnava pochi minuti alla mezzanotte.

«Biagio prendi lo spumante nel frigo» pronunciò mia madre.

Pochi secondi e sarebbe stata mezzanotte.

«Nove, otto, sette, sei, cinque, quattro, tre, due, uno… auguriiiii» urlammo all'unisono.

Ci abbracciammo così forte che mi sentii schiacciata in mezzo a loro. «Aiuto mi state soffocando» ridacchiavo tra le loro braccia.

«Tesoruccio mio, scusa» mio padre si abbassò, mi prese in braccio e mi sbaciucchiò.

Mi asciugai l'ennesima lacrima che mi solcava il viso. La vetrata del negozio si appannò, con la mano cercai di spannarla per poter continuare a guardare, ma fu inutile.

«Io non voglio vedere altro. Quello che ho visto mi ha riempito il cuore. Mi basta come ricordo. Il tempo è sempre breve, ma sono felice per l'emozione che ho appena provato nel vedere l'amore che c'era dietro questa vetrata.» sussurrò mio padre.

«Papi grazie per questo viaggio, hai fatto rivivere anche a me ricordi dimenticati o forse dovrei dire ricordi a cui non avevo dato peso. Ricordi che mi hanno fatto capire tante cose, come il calore di un abbraccio o la bellezza del Natale.»

Lui mi guardò teneramente, i suoi occhi cerulei s'inumidirono e con voce tremante mi sussurrò «Figlia mia anche se in passato ci siamo abbracciati poco non vuol dire che non ti voglia bene o che tu non me ne voglia.»

Lo strinsi così forte a me che... «Tesoro così mi stritoli.»

«Patry adesso dobbiamo andare. Il tempo a nostra disposizione si sta esaurendo, ma prima vorrei passare in un posto.»

«Dove vorresti andare?»

«In chiesa.»

«In chiesa?» echeggiai.

«Sì, in chiesa» ripeté.

«Bene, guarda un po' dov'è» coll'indice della mano destra gli indicai una piccola chiesa proprio davanti ai nostri occhi, a pochi passi. Era in stile medievale, molto mal ridotta all'esterno, ma appena entrammo i nostri occhi si illuminarono per la bellezza che emanava. Con passo lesto lui andò verso l'altare e si inginocchiò. Alcune persone erano sedute e altre in ginocchio che pregavano. Forse da lì a poco sarebbe iniziata la messa. Io restai in piedi con le mani giunte osservandolo.

Improvvisamente una folata di vento mi distolse dalle mie preghiere. Alzai la testa e non vidi più mio padre. Di scatto mi voltai sulla mia destra poi alla mia sinistra e dopo dietro di me, ma non c'era. Iniziai a preoccuparmi, non sapevo dove cercarlo. Uscii dalla chiesa e lo cercai con lo sguardo ma c'era troppa gente. Il cuore iniziò a battere così forte che sembrava volesse esplodere.

«Papà, papà» urlai tra la gente «Papà, papà» continuai a chiamarlo districandomi tra la folla che si ammassava per la strada. Andai verso la vetrata del negozio dove eravamo stati prima, ma non era nemmeno lì, e tornai indietro verso la chiesa. Ebbi un tremore improvviso, la chiesa non c'era più. Ero sicura che fosse lì in quel punto, ma non c'era. La chiesa non c'era.

«Mi scusi, ma qui non c'era una chiesa?» chiesi a un passante.

«No, non c'è mai stata una chiesa» mi rispose un signore distinto vestito in giacca e cravatta.

Sentivo che stavo per impazzire. Cosa potevo fare? Mi sentii svuotata. In un luogo che non conoscevo. Non ricordavo più la strada, non sapevo chi chiamare. Mi giravo attorno, tutta gente sconosciuta. Volevo telefonare a qualcuno. Ma a chi? Non ricordavo più i nomi di nessuno e neanche i numeri. Cosa mi stava succedendo. Provai una brutta sensazione di smarrimento e mi feci vincere dal panico.

Volevo urlare e iniziai a piangere. Ebbi la sensazione di cadere nel vuoto. Volevo scappare. Volevo che qualcuno mi salvasse, ma nessuno mi vedeva, mi guardava.

«Qualcuno mi aiuti» urlai.

«Signorina si svegli» una signora mi strattonò e così aperti gli occhi mi accorsi che ero seduta in chiesa.

«Stava sognando?»

«Eh… forse» risposi mentre alzai lo sguardo e vidi mio padre ancora inginocchiato. Un rivolo di sudore mi scese lungo la fronte. La sensazione che provai fu terribile, come se…

Come se avessi l'Alzheimer! Pur non sapendo che sensazione si provasse, ero certa che fosse proprio quella. E fu terribile. Adesso potevo comprendere mio padre. Adesso ero consapevole di cosa provasse.

Nel sogno fui terrorizzata di restare in un posto che non conoscevo più. Sentii che mi ero persa e che davanti a me c'era il vuoto. Avevo bisogno che qualcuno che mi prendesse per mano e mi consolasse dicendomi "Non preoccuparti, anche se non riesci a ricordare chi tu sia, io sono qui, io ti conosco e starò sempre accanto a te."

Mi alzai e mi diressi da mio padre: «Papà cosa ne pensi se andassimo via. Torniamo in Hotel» gli appoggiai la mano sinistra sulla sua spalla destra.«Il tempo ci sta raggiungendo.»

Durante il viaggio mio padre diceva sempre che avevamo poco tempo. In quel momento percepii che dovevamo tornare in hotel e se il tempo non fosse stato più con noi forse mio padre sarebbe tornato senza i suoi ricordi. In qualche modo dovevo salvarli.

Doveva tornare con tutti i suoi ricordi, non poteva rischiare di aver fatto questo viaggio inutilmente.

«Sì, lo so. Ma sto parlando col mio angelo.»

«Il tuo Angelo?»

«Si chiama Adriel.»

«Adriel?»

«Sì.»

«Come mio figlio Adriano» dissi ad alta voce.

«Hai un figlio?» Mio padre sgranò gli occhi alzando lo sguardo verso il mio. Forse il tempo ci stava raggiungendo, la memoria di mio padre iniziava ad offuscarsi. Ma non mi sentii di interromperlo e così, sospirando, cercai dentro di me un po' di quella pazienza che non avevo avuto in passato..

«Volevo dire che se un giorno avrò un figlio lo chiamerò Adriano.»

«Bel nome» chinò la testa e giunse nuovamente le mani.

Tolsi la mano dalla sua spalla e mi inginocchiai accanto.

«Sai cosa mi ha detto Adriel?» mi sussurrò sempre col viso abbassato. «Mi ha detto che lui non mi abbandonerà mai, anche quando un giorno non saprò più chi sono» sospirò «Gli ho anche chiesto perché questo mostro ha deciso di prendere me!» continuò.

«E lui cosa ti ha risposto?»

«Che non c'è un perché. Lui entra nelle case senza un motivo. Va dove gli capita. Perché sa di colpire qualcuno. Vuole i ricordi di noi essere umani. Vuole la nostra mente. È crudele. È spietato e non guarda in faccia nessuno.»

«Lo so papà, perché fa soffrire anche chi ti sta vicino.»

«Vedo ogni giorno mamma piangere di nascosto, non sapevo perché lo facesse, ma oggi capisco il motivo. Lei piange per me.»

«Sì, lei piange per te» echeggiai.

«E tu? Tu piangi per me?»

Io… io piango in silenzio, da sola» sapevo che stavo dicendo mezza bugia, e così alzando lo sguardo lo guardai mentre...

«Ma tu stai piangendo?»

«Sì papà, sto piangendo.»

«Adriel me lo aveva detto che tu piangevi in silenzio, ma non voglio che piangi per me.»

«Piango perché sono arrabbiata, perché non ho capito quant'è cattivo questo mostro, piango perché questo mostro mi toglierà per sempre il mio papà.»

«Vieni qui, amore mio , abbracciami.»

Lo strinsi così forte che ebbi paura di fargli male.

«Anche se questo mostro mi porterà via i ricordi o la capacità di capire cosa mi stia succedendo attorno, credimi non mi toglierà mai l'amore che ho per te e per tua madre. Anche se un giorno ti dirò che io non ho figli, ti prometto che il mio cuore lo saprà sempre.»

Le parole di mio padre mi colpirono intensamente, mi penetrarono l'anima e mi fecero capire che dovevo stargli accanto e quando un giorno mi avrebbe detto di non riconoscermi più, lì, proprio lì, avrei dovuto essere più forte, capire e stargli più vicino.

«Papi, ma Adriel ti ha detto dell'altro?»

«Oh sì, mi racconta sempre i miei vecchi ricordi e credimi lo ringrazio ogni giorno» mi sorrise e continuò «mi dice sempre che un giorno quando io andrò via lui starà con te e non ti mollerà neanche un secondo.»

«Sarà un angelo speciale.»

«Sì, lo è.»

Mi voltai e vidi che la gente ancora stava pregando, molte teste chinate o volti rivolti in alto si presentavano davanti a me.

Dovevo pregare anch'io? Cosa? Che mio padre guarisse? Impossibile!

Dovevo vivere quel Natale? Mai fatto, ma forse era arrivato il momento? Mille domande iniziarono a frullarmi in testa, fino a quando una musica natalizia echeggiò in chiesa. La gente si alzò, e lo fece anche mio padre.

Iniziarono tutti a cantare. Non conoscevo la canzone e così silenziosamente l'ascoltai alzandomi anch'io

*Col bianco tuo candor neve*

*sai dare la gioia ad ogni cuor.*

*È Natale ancora, la grande festa*

*che sa tutti conquistar.*

*Un canto vien dal ciel lento,*

*e con la neve dona a noi,*

*un Natale pieno d'amor,*

*un Natale di felicità.*

*Quel lieve tuo candor, neve*
*discende lieto nel mio cuor*
*nella notte Santa,*
*il cuore esulta d'amor,*
*è Natale ancor.*
*E viene giù dal ciel, lento*
*un dolce canto ammaliator,*
*che mi dice, spera anche tu*
*è Natale non soffrire più.*

*Tu neve scendi ancor lenta*

*per dare gioia ad ogni cuor*

*è Natale spunta la Pace Santa*

*l'Amor che sa conquistar.*

*Alza gli occhi guarda lassù è Natale non si soffre più.*

All'improvviso sentii una stretta allo stomaco e il cuore accelerare. Quella canzone mi entrò dentro, la sentii vibrare tra le orecchie fino ad arrivare nel mio cuore.

Mio padre mi prese la mano, era calda ma tremante «Andiamo a prendere il treno, voglio tornare da mia moglie per augurarle in tempo Buon Natale.»

Uscimmo in punta di piedi dalla chiesa.

Non credevo ai miei occhi, nevicava.

Un freddo pungente mi colpiva il viso, la neve delicatamente cadeva sulla strada e sulla gente che con molto tranquillità continuava a fare compere.

Allungai la mano e raccolsi i soffici fiocchi sul palmo. Mi ricordai quando ero bambina, avevo forse otto o nove anni, quando uscita da scuola vidi che tutto intorno era innevato. Mio padre, con i capelli bianchi, non perché fosse anziano, era solo coperto di neve, mi venne a prendere davanti al cancello e come due bambini andammo al posteggio e giocammo a lanciarci palle di neve. Era difficile che nevicasse dove abitavamo, ma quando accadeva per noi era pura magia.

«Papà copriti bene, fa molto freddo» gli abbottonai il cappotto fino al collo e gli alzai il colletto.

«Grazie tesoro, ma ancora ci riesco da solo. Vuoi iniziare ad allenarti per quando non ci riuscirò più?» Rideva, come se quella maledetta malattia non gli facesse paura, ma a me ne faceva tanta, ma proprio tanta.

Con passo veloce ci dirigemmo verso il treno. I fiocchi di neve sembravano impazziti. Il vento li trasportava dappertutto facendoli cadere anche sui nostri visi.

Avevo molto freddo, il naso era diventato rosso e avevo perso anche la sensibilità delle mani. La gente attorno a noi sembrava non badarci, forse erano abituati, ma io non vedevo l'ora di arrivare.

«Pochi minuti, stiamo per arrivare» disse mio padre emanando fumo dalla bocca per il freddo.

Da lontano vidi qualcuno che con la mano faceva cenno di sbrigarci perché il treno stava per partire. Sempre col fiatone arrivammo davanti al capo stazione e notai che era una donna.

«Miranda!» esclamai.

«Sbrigatevi il treno sta per chiudere le porte.»

«Ma cosa fai qui?» Miranda era una donna di circa sessant'anni, non molto alta ma con tanti capelli bianchi che teneva sempre raccolti. Mi fermai davanti a lei, la osservai attentamente e sembrava non avere neanche una ruga, doveva avere sicuramente qualche segreto per mantenersi così giovane.

«Io sono dappertutto perché, mia cara, sei tu che mi cerchi. Tu comunichi con me.»

«Non riesco a capire.»

«Capirai. Adesso salite sul treno sta per partire.» Miranda prese mio padre per un braccio e lo aiutò. Io lo seguii, mi voltai e vidi che Miranda mi sorrideva. «Buon rientro. Ci vediamo.»

Miranda si posizionò sulla piattaforma guardando l'orologio. Il tempo, il tempo era quasi arrivato. Stava per scadere quel viaggio. Stavamo tornando indietro o forse dovevo dire avanti.

Quando l'orologio segnò l'ora Miranda fece risuonare il fischio. Il suono era forte e acuto e si sentì ovunque. Il treno iniziò a muoversi lentamente, poi più veloce fino a quando raggiunse la velocità massima.

Mio padre era già seduto dal lato del finestrino e io, sempre più confusa, mi sedetti accanto.

«Grazie» mi sussurrò.

«Perché mi stai ringraziando?»

«Per avermi fatto compagnia in questo viaggio.»

«Io dovevo essere con te, e tu lo sai.»

«Sì, verissimo. Tu sei parte dei miei meravigliosi ricordi. Ormai mi è rimasto poco. Stiamo per arrivare a destinazione. Cercherò in tutti i modi di proteggerli, ma sappiamo benissimo che lui, l'Alzheimer, me li porterà via. Ma io l'ho voluto fregare.» Mi guardò, quello sguardo era triste. I suoi occhi cerulei avevano smesso di brillare.

«Perché dici che lo hai fregato?»

«Perché sono riuscito a fare questo viaggio e rivivere i ricordi più belli. Così per portarli via dovrà lavorarci bene. Perché io ce li ho vivi dentro di me. Adesso ho anche te accanto e questo mi rende più forte.»

«Biglietti prego.» Il controllore ci distolse dai nostri discorsi e restò in attesa dei biglietti. Velocemente aprii la borsa e per fortuna, perché nella mia borsa non trovavo mai nulla, li vidi nel taschino laterale. Li afferrai e glieli porsi.

«Bene, bene, bene lei sta venendo dai Ricordi Perduti e adesso si sta recando nella città dei Rimpianti?»

«Sì» risposi sempre incerta per quello che mi stava accadendo.

«Bene, bene, bene, le consiglio di visitare la prossima città. Poi ritorni subito nella sua città dei Rimpianti.»

«E quale sarebbe la prossima città?»

«La città dei Rimorsi. Tra venti minuti c'è la fermata.»

«E il tempo?» domandai.

«Il tempo le darà tempo.»

«Che tempo mi darà?»

«Di riflettere lungo il suo cammino!»

# RIMORSI

«Prossima fermata Rimorsi» annunciò una voce dall'altoparlante del treno.

«Scendiamo!»

«Figliola, ma perché dobbiamo scendere? Io qui non ho nulla da fare» disse mio padre guardandomi preoccupato.

«Tu no, ma io sì.»

Lui non disse più nulla e mi seguì.

All'uscita della stazione una donna mi chiamò «Patry, Patry.»

Mi voltai.

«Finalmente sei qui, ti aspettavo» disse la donna.

«Tea?» Sorpresa mi avvicinai a lei.

«Ti accompagnerò in giro per questa città. Ho paura che ti perda e così ti terrò per mano.»

«Cosa vuoi dire? Aiutami a capire...» Mi sentivo tanto confusa. Mi girai attorno, la città si presentava poco accogliente, con vecchie case e poche persone in giro. Vidi un vecchio anziano dirigersi verso una stradina e una giovane donna dai capelli lunghi neri entrare in una vecchia salumeria di quartiere. Sembrava un piccolo borgo non curato. I lampioni delle strade erano quasi tutti spenti, quella poca luce mi procurò angoscia.

«Seguitemi» ordinò Tea.

Silenziosamente la seguimmo. Mio padre non parlò per tutto il tempo e io feci altrettanto.

Dopo aver percorso una strada tortuosa e in salita arrivammo davanti a un portone di ferro, molto antico. Tea lo aprì davanti a noi. Entrammo. L'ingresso era angusto e buio, intriso dell'odore di umidità che hanno i vecchi palazzi. Salimmo una rampa di scale e ci fermammo davanti alla porta d'ingresso di un appartamento. Lo zerbino con la scritta *welcome* era talmente usurato che si leggeva a stento. La porta non era chiusa a chiave e così Tea afferrò la maniglia e l'aprì. Iniziò a cigolare. Entrammo. Non vidi nulla, troppo buio.

«Papà dammi la mano.» Lui afferrò la mia mano e la strinse talmente forte che mi sembrò me la stesse stritolando.

Tea a tastoni aprì un cassetto da un mobile che doveva esserci all'ingresso, estrasse una candela e l'accese. Non so come fece perché il buio non mi aiutò nel vedere i suoi movimenti.

La luce della candela proiettava delle ombre sui muri che si muovevano creando immagini distorte. Sembravamo dentro un film horror, invece eravamo dentro una vecchia casa abbandonata da anni.

Tea si avviò verso il corridoio, la seguii tenendo sempre per mano mio padre, fino a quando si fermò davanti a una porta, fece un passo indietro e mi disse «Aprila.»

La guardai, volevo farle tante domande, ma evitai. L'ascoltai, feci un passo in avanti, afferrai la maniglia ed entrai.

Una luce mi abbagliò, strinsi gli occhi non capivo chi ci fosse dentro. Delle persone parlavano tra loro, anzi non parlavano, urlavano.

«Li riconosci?»

«No» risposi.

«Guardali bene» insistette Tea.

In punta di piedi feci qualche altro passo verso la stanza e guardai attentamente i visi di quella gente.

«Adesso?» continuò Tea.

Mio padre restò in silenzio accanto a Tea.

«Sì, adesso li riconosco» risposi sgranando gli occhi. «Ma… ma quelli so sono…»

«Sì mia cara, quelli sono i tuoi genitori, e lì seduta su quella sedia davanti alla TV sei tu.»

Tea e mio padre restarono davanti alla porta e io continuando a camminare arrivai a metà stanza. Era una cucina, la cucina di casa mia. Il tavolo centrale era apparecchiato. I piatti semi vuoti, le molliche sul tavolo e i tovaglioli stropicciati. Sicuramente avevano terminato di pranzare o cenare.

Ormai avevo perso la cognizione del tempo.

Tempo? sì, dissi proprio tempo. Era lui che doveva darmi le risposte di questo strano viaggio. Voltandomi alla mia sinistra c'ero io, seduta su una sedia che guardavo la TV. Ero giovane, diciotto anni. Portavo i capelli molto lunghi, ondulati e folti. Erano legati con un elastico rosso che formava una coda di cavallo. I miei genitori stavano litigando e io sembravo impassibile a quello che stava succedendo.

All'improvviso mio padre prese il telecomando e cambiò canale. Mi alzai di scatto e gli urlai addosso.

«Dammi quel telecomando.».

«Cos'è il telecomando?»

«Quello che hai in mano.»

«No. Questo non è il telecomando.»

«Quello è il telecomando e adesso me lo devi dare.» continuai.

«Non urlare.» disse mia madre «Lo sai che non sta bene.»

«Non lo sopporto più»

«Tuo padre ha l'Alzheimer, devi capirlo.»

«Sono stanca di capirlo. Ogni volta in questa casa non posso fare mai quello che voglio.»

«Ma tu chi sei?» domandò mio padre.

«Tua figlia e adesso dammi il telecomando mi stai facendo perdere il film.»

«Devo guardare il telegiornale.»

«Vattene di là a guardarlo.»

«Dammi cinque euro» disse lui.

«Cosa devi fare con cinque euro?»

Non rispose, si sedette e iniziò a fare a pezzettini il tovagliolo di carta.

Mi alzai gli andai vicino e gli tolsi il telecomando che aveva messo sulle gambe.

«Guardiamo un film di Alberto Sordi assieme?» mi chiese mio padre.

«Non m'interessa il film di Alberto Sordi!» esclamai andandomi a sedere nuovamente davanti alla TV.

Mi voltai verso Tea e mio padre, sospirai e dissi «Ma è terribile!»

Con voce tremante la guardai dritto negli occhi.

«Cos'è terribile?» domandò lei.

«Quello che ho visto.»

«Cosa hai visto mia cara Patry.»

«Me stessa» sussurrai mentre gli occhi si riempivano di lacrime.

«Chiudi la porta e vieni con me.»

Con tristezza chiusi quella porta alle mie spalle e fu subito buio. La candela continuava a proiettare delle ombre sui muri che a me sembravano sempre più orribili.

Ombre come mostri terrificanti, che mi osservavano, come se mi volessero dire delle cose, li sentivo anche sussurrare "*Psss psss ei tu, ti sei vista? Hai visto che mostro sei stata? Il mostro non è l'Alzheimer, sei tu. Guardati, ma dove hai dimenticato il cuore? I rimorsi si impossesseranno di te e tu non andrai mai Oltre...*"

«Patry perché ti sei fermata?»

«Tea scusami, nulla d'importante» le risposi distogliendomi dalle ombre e dalle loro voci, che dovevano essere di mia immaginazione.

Tea si fermò davanti a un'altra porta, mio padre gli stava accanto e io li raggiunsi a passo veloce.

«Adesso mia cara apri questa porta.»

«Tea perché mi fai questo?» Ero spaventata, non volevo più rivedermi, non volevo vedere quella Patry, non volevo aprirla

«Perché mi fai questa domanda?» Tea, impassibile, con tono sempre pacato e con un portamento da donna autorevole, poggiò la mano sulla mia spalla «Cos'è che non va? Non vuoi aprirla?»

«Ho paura di rivedermi.»

«Non avere paura, mia cara Patry. Apri e osserva. Quello che vedrai potrà aiutarti.» Tea appoggiò l'altra mano sull'altra mia spalla. Si chinò verso me. «Tu non mi hai voluto mai ascoltare. Adesso è arrivato il momento.»

«Ma cosa vuoi dire che non ti ho mai ascoltata.» Non riuscivo a capire perché mi stesse dicendo quelle parole, ma d'altronde c'erano tante cose che non capivo in quel viaggio.

Afferrai nuovamente la maniglia della porta e lenta come un bradipo l'aprii ed entrai. Era la mia stanza, quando abitavo con i miei genitori. C'ero io seduta sulla sedia, i gomiti poggiati sulla scrivania, e le mani che tenevano la testa. Stavo piangendo. Un pianto così disperato, che a volte sembrava mancasse il fiato. Mi vidi alzare e andare davanti alla porta finestra. Guardavo fuori mentre le lacrime scendevano giù come una valanga in piena. Singhiozzavo disperata, sbattendo pure la testa sul vetro. Vidi che in mano tenevo una piccola scatola. Ma non riuscivo a capire cosa fosse.

Feci un altro passo in avanti e la misi a fuoco. Sembrava una scatola di qualche medicinale.

Ma cosa volevo fare?

Improvvisamente mi vidi aprire la scatola ed estrarre un blister con delle compresse. Il blister non era pieno, ne mancavano più della metà, ma non m'importava e con velocità le tolsi e li misi in mano.

«Ma cosa voglio fare?» urlai a Tea.

«Non ricordi?» disse lei.

«No, non ricordo» mi rivoltai per guardarmi. Il mio viso era gonfio, piangevo da ore. Gli occhi rossi e lo sguardo assente mi fecero paura.

Sentivo che stavo soffrendo. Ero disperata.

Sulla scrivania c'era una bottiglietta d'acqua. Cosa stavo facendo? Vidi prendere quell'acqua, guardare la mano piena di compresse, ma non so di cosa, e con un rapido gesto metterle tutte in bocca.

«Noooo, cosa stai facendo?» mi urlai contro. «Tea fermala per favore» mi rivolsi a lei disperata. Ma cosa mi passava per la testa? cosa mi era successo? Perché non ricordavo?

Continuai ad osservarmi. Stavo deglutendo l'acqua facendo scendere giù le compresse.

«Sto provando a uccidermi?» dissi mentre piangevo. Continuai ad osservarmi e vidi che dopo aver ingerito, non so esattamente quante compresse, mi misi a letto e chiusi gli occhi. Forse stavo attendendo in silenzio la mia morte.

Ma fui subito disturbata da mio padre che senza sapere nulla iniziò a bussare alla mia porta chiusa a chiave. «Apri. Cosa fai chiusa qui dentro?»

«Vattene via» gli urlai.

«Apri» continuò lui.

«Ti ho detto vattene» gli dissi singhiozzando.

«Dove sono le chiavi della macchina?» mi domandò mio padre. Oramai non poteva guidare per colpa dell'Alzheimer e mia madre le aveva nascoste perché lui non si rendeva conto che non ne era capace. «Voglio le mie chiavi» continuò a urlare dietro la porta.

«Mi hai rotto, vattene via.»

Mi voltai per guardare Tea mentre mio padre mi disse «Non ricordo nulla di queste scene.»

«Signor Biagio lei non può ricordare, qui era già malato, qui i suoi ricordi iniziavano a svanire.»

«E io perché non ricordo?»

«Forse perché è stato così lacerante che lo avrai rimosso dalla tua mente. Voltati, riguardati.»

Mi voltai, ero ancora sdraiata sul letto, continuavo a piangere, mio padre andò via. Forse andò in camera sua o forse a cercare le chiavi rovistando in casa e io ero in attesa che quelle compresse facessero quello che volevo: la morte.

«Cazzo adesso ricordo» dissi ad alta voce.

«Cosa ricordi?» Tea, mise nuovamente una mano sopra la mia spalla destra.

«Ero al terzo anno delle superiori, avevo sedici anni ed ero stata bocciata. Fu una vera vergogna, non lo accettavo. Non accettavo di ripetere l'anno. E poi c'era lui, mio padre, la sua malattia mi aveva devastata, mi vergognavo terribilmente per tutto e per questo decisi di morire. Ma non ci riuscii. La vita non volle. Mi lasciò viva. Aspettai ore, ma non mi successe nulla.» Mi voltai verso Tea. «Adesso ricordo, fu terribile.»

«Forse la vita ti volle lasciare viva perché dietro quella porta avevi un padre che aveva bisogno di te? Te lo sei mai chiesto?»

La guardai, disperata: «No, non me lo sono mai chiesto» gli risposi sinceramente.

«Questo viaggio ti darà tante risposte, ma devi farti delle domande.»

«Perché tentai di spegnere la mia vita? Perché la consideravo tanto terribile da desiderare la morte? Mi pongo le domande ma non so darmi nessuna risposta» dissi a Tea «Adesso dove la trovo?» continuai.

«Semplice mia cara, non hai accettato la malattia di tuo padre e non hai accettato la vergogna che provavi guardandolo, la bocciatura è stata solo una conseguenza. Ti eri persa, eri giovane, non sapevi come affrontare tutto quel dolore. La malattia di tuo padre ti aveva allontanata dai tuoi amici, dalla tua vita da adolescente ti ha tolto un padre giovanissimo, perdite che inconsciamente non hai accettato.»

La guardai e capii che Tea aveva perfettamente ragione. Mi sentivo terribilmente svuotata. Abbassai lo sguardo e sussurrai «Quanti errori.»

«Non fartene una colpa. Tu eri piccola e il mostro che ha rapito tuo padre era molto più grande e grosso di te. Non potevi farci nulla. Ma adesso puoi sconfiggerlo. Puoi scacciarlo dal cuore.»

Le parole di Tea mi avevano colpita. Le custodii con estrema delicatezza con la speranza che sarebbero rimaste lì per sempre.

«Adesso seguimi.»

«Tea, per favore non voglio più stare male» Non sarei riuscita a vedere altro per quel giorno. Mi sentivo come un fiammifero che piano piano si stava spegnendo.

«L'ultima stanza e poi andremo via... il tempo sta finendo. Biagio tra poco torneremo da sua moglie.»

«Sono un po' stanco» borbottò mio padre.

«Seguitemi.»

Nonostante quel giorno calzassi le scarpe da ginnastica, iniziai a sentire anch'io un po' di stanchezza. Tea si fermò davanti a un'altra porta.

Avvicinò la candela vicino a me «Questo è il salone» sussurrò.

Con mano tremante afferrai l'ennesima maniglia feci un lungo sospiro, la spinsi verso il basso e aprii la porta. Cigolava, era molto vecchia. Entrai e un brutto odore di muffa mi invase le narici. La stanza era al buio o forse ero io che non riuscivo a vedere.

«Tea non vedo nulla.»

«Fai qualche altro passo, sei rimasta troppo indietro. Avvicinati, osserva, ascolta, apri il tuo cuore.»

E così feci qualche passo in più. Ecco adesso vedevo.

Ero nel salone della mia vecchia casa. La tavola era imbandita. Era Natale. Io sembravo più grande, forse venti o ventidue anni.

Iniziai ad ascoltare.

«Amore dove vai, oggi è Natale» mi domandò mia madre.

«Sono a pranzo da un'amica.»

«Il giorno di Natale?»

«Mamma ma cosa devo fare qui con voi? Papà col suo modo di fare mi dà ai nervi, tu litighi sempre con lui. Credimi meglio che vada via.»

«Mi dai una sigaretta?» mi chiese mio padre.

«Non fumo e non fumi neanche tu» gli risposi con tono arrabbiato. Le sue richieste erano sempre assurde.

«Allora me la prendi l'aranciata in frigo?»

«Non hai i piedi? Te la prendi tu. Io devo andare via.»

«Sono stanco» sussurrò.

«E io sono stanca di stare qui in questa casa.»

Mio padre senza controbattere si alzò dalla sedia e andò verso il frigo, ma prima di aprirlo mi porse una lettera. «Questa è per te, me l'ha data Babbo Natale.»

L'afferrai e la misi in tasca «Le solite sue pazzie» pensai ad alta voce.

«Biagio ma cosa hai fatto?» urlò mia madre. Mi voltai verso mio padre e notai che si era fatto la pipì addosso. Aveva il pigiama tutto bagnato.

«Cosa ho fatto?»

«Ma ti sei fatto la pipì addosso?»

«No.»

«Sei tutto bagnato!» esclamò mia madre.

«Sono asciutto» disse mio padre toccandosi il pigiama inzuppato di pipì.

«Basta, io vado via. Non posso passare un Natale così, tra urla e pazzie» urlavo anch'io mentre afferravo il capotto e sbattendo la porta d'ingresso andai via. Mi voltai verso Tea «Ma quella ero io?» le domandai terrificata.

«Sì Patry quella eri tu.»

«Assurdo» dissi mentre piangevo come una bambina.

«Amore mio perché piangi?» Mio padre non aveva visto la scena e ingenuamente mi abbracciò «Non voglio che tu pianga, fai stare male anche me» mi sussurrò all'orecchio.

«Signor Biagio la lasci piangere. A volte un pianto può essere liberatorio, a volte è un aiuto per affrontare la vita.» Tea, sempre impassibile, allungò il braccio afferrò la maniglia e chiuse la porta di quella terribile stanza.

«Non volevo, credimi papà, non volevo.»

«Cos'è che non volevi?» mi domandò incuriosito mio padre.

«Non volevo trattarti male.»

«Figlia mia non è colpa tua. Questo terribile mostro non solo ruba i ricordi e cancella il cervello delle sue prede, ha anche la capacità di cambiare i proprio cari. Li incattivisce. Ma credimi non è colpa vostra. Né tua e né di tua madre.»

Mio padre era un uomo buono, un uomo che aveva consapevolezza della sua vita.

«Tea, cosa devo estrapolare da questo viaggio?» Sentivo che tutto quello che mi era successo in quel giorno era una lezione e io dovevo fare tesoro e portarlo con me.

«Conserva tutto quello che puoi. Quello che hai visto, sentito e percepito ti aiuterà a capire, a maturare a sentirti bene quando un giorno ti troverai davanti a tuo padre.»

*Il rumore assordante delle emozioni echeggiava in stazione. L'orologio con il suo ticchettio rincorreva il tempo che ormai era breve. Si attendeva con ansia quel flebile rumore del treno che sarebbe arrivato al capolinea. Qualcuno lo stava aspettando, ma solo un'ombra tiepida e sbiadita era ferma sulle rotaie. Sembrava l'ombra di mio padre, sembrava che il tempo mi stesse dicendo sbrigati i ricordi svaniranno. E quel qualcuno che aspettava ero sicura che fosse proprio lui. Il mostro Tedesco.*

*Cosa stava aspettando esattamente?*

*La fine del tempo?*

*Se fosse stato così era già in ritardo.*

*Tic, toc, tic, toc*

*Correva, correva quel maledetto tempo, ma nessuno andò a cercarlo. Il silenzio assordante lo placò*

*Adesso era lui il protagonista.*

*Adesso era lui che urlava, facendo vibrare le anime oltre i binari...*

*Patry C.*

Questa volta mi sedetti vicino al finestrino. Il treno partì in orario. Tea salì con noi, ma il suo posto era in un altro vagone. Un silenzio assordante invase i miei pensieri che mi accompagnarono fino all'arrivo. Fuori dal finestrino il panorama era sempre piacevole. Distese di campagne pieni di fiori, borghi medievali, fiumi, laghi e persino splendide cascate si presentavano davanti ai miei occhi.

«Papà.»

«Dimmi amore mio.»

«Ti voglio tanto bene» gli dichiarai mentre afferrandogli la mano gliela strinsi forte.

«Lo so, l'ho sempre saputo. Anch'io te ne voglio e tanto.»

«Questo viaggio è stato un vortice di emozioni. Emozioni che mi hanno rallegrato il cuore, e altre che me lo hanno rattristito.»

«È stato un viaggio curativo» concluse mio padre.

«Sì. Adesso torniamo da mamma, ci starà aspettando con ansia.»

«Spero solo di riconoscerla» sottolineò mio padre.

«Perché dici così?»

«Perché non è solo lei che mi sta attendendo…»

«Cosa vuoi dire? Chi è che ti sta attendendo?»

«L'altra persona è l'Alzheimer, ma il tempo mi ha fatto questo regalo. Ritornare indietro per poter rivivere i miei ricordi, lasciando lui, il mostro, lontano da me. Adesso il tempo è finito e devo tornare.»

«Ci sono io accanto a te, papà non ti lascerò più.» Un raggio di sole mi accarezzo il viso. Un timido calore mi riscaldò le guance, era così piacevole che riuscii a rilassarmi.

«Tu ci sei stata sempre, eri solo arrabbiata per quello che ci stava succedendo.»

«Papi» sussurrai mentre ci abbracciammo.

*Ultima fermata, capolinea. Città dei Rimpianti.*

«Siamo arrivati.»

«Dove?» chiese mio padre.

«In hotel, da tua moglie.»

«Perché insisti, ti ho detto che io non ho nessuna moglie, lo vuoi capire o no.» Quel viso sereno, sorridente e luminoso che lo aveva accompagnato tutto il giorno si era spento. L'espressione era cambiata, lo sguardo era basso e gli occhi non brillavano più. Il mostro era tornato.

«Sì, papà scusami. Lo dimentico sempre.» Non lo avrei più contraddetto. Non mi sarei più arrabbiata, anche se il mio cuore si lacerava ogni volta. «Andiamo, è tardi. Stasera voglio che sia la Vigilia di Natale ne ho già parlato con Tea e mi ha detto che il mio desiderio sarà esaudito. Voglio passare il Natale con te. Dobbiamo sbrigarci.»

«È un giorno importante?» chiese mio padre.

«Sì. Molto» mi suggerì il cuore.

# NATALE, NON È SOLO UN GIORNO, MA UNO STATO D'ANIMO

Arrivati nella hall incontrammo Tea.

«Sei arrivata prima di noi? Ti abbiamo cercato alla stazione, ma non siamo riusciti a trovarti.»

«Patry, mi dispiace ma avevo urgenza di arrivare qui in Hotel, c'erano tanti problemi burocratici da risolvere» spiegò Tea mentre dietro il bancone della hall stava scrivendo qualcosa in un registro. «Andate a sistemarvi, tra un'ora si servirà il cenone di Natale. Un cenone speciale. Una Natale solo per noi. Un Natale solo per lei Signor Biagio.» Tea fece l'occhiolino a mio padre, mi regalò un sorriso e subito dopo continuò a scrivere.

«Papi vieni con me ti accompagno nella tua stanza.» Mentre ci recavamo verso l'ascensore incontrai mia madre con Vanna.

«Vi siete divertiti?» domandò mia madre.

«Non direi divertiti, direi che abbiamo preso consapevolezza di tante cose.»

«Viaggio interessante» aggiunse Vanna.

«Molto interessante, vero papi?» dissi rivolgendomi a lui.

«Quale viaggio?»

«Dillo a mamma che siamo andati pure in Svizzera a trovare Luigi.»

«Svizzera? Luigi? E chi sarebbe questo Luigi?»

La sua mente si era nuovamente oscurata, Ma grazie a quel viaggio, adesso sapevo come comportarmi. Mi sentivo più responsabile. Soprattutto avevo capito che dovevo avere molta più pazienza e dovevo accettare mio padre per come era in quel momento e per come sarebbe stato da quel momento in poi. Perché solo così sarei riuscita ad accettare anche la malattia.

«Papi sei stanco, vai a riposare ci vediamo a cena.»

«Vado a sistemarmi anch'io, amica. Ci vediamo a cena, aspetto con trepidazione che venga il *Tuo* Natale.» Vanna mi sorrise e mi guardò dritta negli occhi, come se mi volesse dire dell'altro, come se avesse capito che forse questo Natale per me sarebbe stato diverso.

Salii in camera mia. Mi spogliai e senza pensarci andai a farmi una lunga doccia calda. Ero stanca, ma la doccia mi aveva dato la carica per continuare la serata. L'accappatoio era sempre super profumato, e la sua assenza mi faceva stare bene. Mi sdraiai sul letto, per riposare la schiena, stanca anche lei.

*«Psss, psss.»*

Qualcuno mi stava chiamando e capii subito chi poteva essere.

«Santa Claus dimmi.»

*«Tutto bene?»*

«Perché me lo chiedi? Tanto tu sai tutto.»

*«Ti è stato utile il mio consiglio? Hai fatto vedere le foto a tuo padre?»*

«Sì. Abbastanza.» Mi sistemai il cuscino sulla spalliera e appoggiando la testa lo guardai da lontano. Era sempre lì, sul tavolino della stanza. Non si era mai spostato.

*«Allora hai fatto un bel viaggetto.»*

«Come sai del viaggio?»

*«Immagino che tuo padre guardando le foto abbia voluto fare un salto nei suoi ricordi.»*

«Hai proprio ragione. E' stato così. Abbiamo fatto un intenso e speciale viaggio.»

*«Cosa aveva di speciale questo viaggio?»*

«Ho fatto un viaggio tra ricordi e rimorsi, ma sai cosa c'era di bello? Che eravamo circondati da una strana aria natalizia. A volte mi rendeva triste ma subito dopo mi provocava delle bellissime sensazioni.

Abbiamo vissuto in poche ore tutte le emozioni più belle che ci hanno accompagnato per anni. Ho scoperto di avere ancora quello spirito natalizio dentro di me. E sai il perché?»

«*Perché?*» chiese lui .

«Perché grazie a questo viaggio, sono riuscita a fare pace con me stessa.» Feci un sorriso spontaneo.

*«Adesso preparati, fatti bella, anche se già lo sei, e scendi giù per il cenone di Natale. Sarà una sera speciale, credimi.»*

Non so se l'ho immaginato, ma mi sembrò che Santa Claus avesse girato leggermente il volto verso la finestra. Fino a quel giorno non l'avevo mai visto muovere, mi sorprese e dopo che si voltò verso la finestra si rigirò verso di me e mi sorrise.

Mi alzai dal letto, aprii l'armadio e cercai il vestito più bello che avevo portato. Afferrai la camicia di seta bianca, la guardai ma non mi convinse e così la riposai nell'armadio. Ero solo col reggiseno, in cerca di un abito per quella sera ma all'improvviso pensai che non ero sola. Mi imbarazzai e voltandomi notai che Babbo Natale aveva lo sguardo rivolto, nuovamente, verso la finestra. Poi vidi l'abito che mi regalò mia madre a Natale di qualche anno fa. Cosa faceva lì un abito di Natale? Pensai. Non ricordo di averlo messo in valigia. La mia mente era offuscata . Poco importava, ormai era lì. Lo afferrai, lo tolsi dall'armadio e senza pensarci lo indossai. Era un abito corto rosso con le stampe di fiocchi di neve natalizie, aveva le maniche lunghe e il girocollo. Mi guardai allo specchio, mi stava perfetto. Calzai un paio di scarpe rosse col tacco abbastanza alto che mi slanciavano. Mi truccai, raccolsi i capelli, ma nel guardarmi allo specchio decisi di scioglierli, mi stavano meglio.

Ero pronta per un Natale *Oltre*.

Sentii bussare alla porta.

«Chi è?»

«Vanna.»

Terminai di mettermi il rossetto e andai ad aprire.

«Uauuu, che siamo belle» esclamai guardando Vanna. Indossava un abito da sera di seta rosso, con un décolleté mozzafiato. Era semplice ma molto elegante.

«Neanche tu scherzi, sei proprio vestita a tema.»

«Ti piace questo vestito?» Feci due giri su me stessa e le sorrisi.

«Sei bellissima» Vanna entrò in camera e chiusi la porta.

«Il tempo di mettere due gocce di profumo e sono pronta.»

*«Devi dire qualcosa a Vanna? Forse adesso è il momento giusto»* mi suggerì una voce, ma ero sicura che fosse stato Santa Claus.

Cosa dovevo dire alla mia amica?

Sì, forse aveva ragione. Dovevo dirle qualcosa. Dovevo mettere da parte l'orgoglio e dovevo solo abbracciarla, lei avrebbe capito.

«Vanna» esclamai.

«Dimmi Patry.»

«Sono felice che adesso sei qui con me, ma voglio che tu mi perdoni. Ho sbagliato anche con te. Credimi non volevo.»

«Ma di cosa stai parlando?»

«Quando mio padre si è ammalato sono diventata irascibile. Ero arrabbiata col mondo intero. Mi vergognavo dei suoi comportamenti, mi vergognavo di lui e così ho inizoato ad allontanare tutti.» Avevo le lacrime agli occhi ma feci di tutto per trattenerle.

«Adesso capisco» Vanna corrugò la fronte e mentre continuava a guardarmi con tenerezza continuò «Ricordo quel periodo. Litigavamo spesso, eri sempre nervosa e quando tentavo di capire cosa avessi, tu mi respingevi. Ho fatto di tutto per non allontanarmi da te.»

«Ma io volevo il contrario. Volevo stare sola.»

«Se mi avessi detto di tuo padre avrei capito e ti sarei stata vicina come sempre.» Anche gli occhi di Vanna si erano riempiti di lacrime.

«Non potevo dirtelo. Avevo troppa vergogna» dissi con voce tremante. Vanna non disse più nulla, si avvicinò e mi abbracciò.

In quel momento capii che quella amicizia era importante per entrambe. Grazie a quel viaggio avevo compreso che non c'è nulla di più bello di una sincera amicizia. Vanna mi mancava, non ero mai riuscita a chiederle scusa. Non ero mai riuscita a dirle la verità, ma adesso finalmente sotto l'effetto di questo misterioso e magico viaggio avevo ritrovato la mia amica.

Col sorriso sulle labbra scendemmo al piano di sotto.

Andammo direttamente nel salone, dove quella sera si sarebbe festeggiato il Natale. La tavola era imbandita. La tovaglia rossa, era molto semplice ma le candele dorate avevano il loro fascino, qualche pigna era inserita tra una candela e un'altra e delle piccole sfere natalizie erano accanto ai bicchieri di cristallo. Poi c'erano delle bellissime bacche rosse che facevano da segnaposto. I miei occhi si riempirono di meraviglia.

Eravamo le prime, e così aspettammo gli altri seduti sul divano, posizionato nell'angolo della sala. Accanto al divano c'era addobbato un piccolo albero che rallegrava la stanza.

«Sono contenta di passare questa sera qui con te» mi disse improvvisamente Vanna mentre seduta accanto a me osservava l'albero.

«Sarà un Natale indimenticabile.»

«Buonasera ragazze.»

«Ciao Tea» rispondemmo all'unisono.

«Vedo che siete state puntualissime.»

«Qualche volta capita» le risposi ridendo.

«Complimenti per il tuo look.» Vanna si alzò dal divano, e sistemandosi l'abito si spostò verso la tavola.

«Grazie Vanna, ma è un semplice tailleur comprato qualche anno fa.»

«Le cose semplici sono sempre le più belle.» intervenni osservando il tailleur di Tea

«Grazie Patry. Mi state riempiendo di complimenti, siete delle ragazze splendide» continuò a ringraziare Tea.

Mi alzai anch'io dal divano e dirigendomi verso la tavola vidi entrare i miei genitori.

«Mamma, papà, ciao. Siete uno splendore anche voi.» Mia madre teneva sottobraccio papà. Lo sorreggeva, aveva difficoltà a camminare, tendeva a strisciare i piedi, teneva il capo basso, anche se a volte lo alzava per guardarsi attorno. Come mi sarebbe piaciuto rivivere di nuovo il viaggio che avevo appena fatto con lui, soprattutto per rivederlo stare bene.

«Accomodatevi» ci invitò Tea.

«Papà tu siediti vicino a me.»

«Perché?» mi guardò perplesso.

«Perché voglio stare vicino a te.»

Non mi rispose, ma afferrò la prima sedia che gli capitò davanti, la tirò verso di lui e sistemandosi si sedette.

«Bene, vedo che hai deciso già il posto. Vuol dire che io mi siederò qui» gli dissi mettendomi accanto a lui.

Presero tutti posto ma notai che c'era un posto vuoto di fronte a me.

«Ma chi manca?» chiesi guardando Tea.

«Una cara amica.»

Mio padre iniziò a toccare tutto. Tolse le bacche e le buttò a terra. Prese il suo bicchiere e lo spostò accanto al mio e infine iniziò a fare a pezzettini il tovagliolo di carta.

«Biagio smettila» ordinò mia madre.

«Mamma fagli fare quello che vuole.» Con molta precisione mio padre stava riducendo il tovagliolo in piccoli pezzettini. La cosa strana era che quei pezzettini erano tutti di misura uguale. Lo osservai attentamente, presi il mio tovagliolo e lo strappai anch'io. Lui mi notò, alzò gli occhi, si fermò e sorrise.

«Dai facciamo una gara, vediamo chi fa più pezzi?»

Non mi rispose, ma riprese subito a strappare il tovagliolo.

«Buonasera, scusate il ritardo» una voce da donna echeggiò in sala, sembrava di conoscerla e così appena si sedette davanti a me, esclamai «Miranda!»

«Ciao Patry, buonasera a tutti e scusate il ritardo. Il mio treno ha portato ritardo» spiegò.

«Anche tu qui con noi?» domandai.

«Non ti fa piacere?»

«Oh ma certo che mi fa piacere.»

Nel frattempo arrivò una graziosa cameriera vestita da Babbo Natale. «Buonasera, signora Tea possiamo iniziare a servire la cena?» La ragazza aveva una voce molto delicata, poteva avere massimo vent'anni e aveva dei lineamenti quasi orientali.

«Puoi servire. Grazie Rosita.»

La ragazza fece un leggero inchino e andò via.

Poche ore e in questo luogo sarebbe arrivato il Natale. Un Natale richiesto per poter rivivere ricordi che non ero riuscita a chiudere in una scatola. Accanto a me avevo le persone più care, i miei genitori e la mia migliore amica. Tea e Miranda le avevo conosciute in quel viaggio, ma sembrava di conoscerle da tempo.

Sentivo che facevano parte di me, della mia vita. Anche se sapevo benissimo che appena sarei ritornata a casa avrei trovato mio marito e i miei figli ad attendermi, loro erano tutto per me, ma adesso avevo bisogno di quelle emozioni. Ero convinta che mi avrebbero aiutato ad andare *oltre*. A vivere una realtà con più consapevolezza.

Solo pochi minuti e la ragazza portò la prima portata. Era un antipasto delizioso. Il mio preferito: involtini di melanzane, peperoni in agrodolce, formaggi, salumi e piccole mozzarelline col salmone.

«Grazie Rosita, sei sempre impeccabile» Tea le fece i complimenti regalandole un sorriso.

Tutto sembrò andare bene, fino a quando mio padre si alzò.

«Papà dove vai?»

«Voglio andare da mia mamma.»

«Papi ma tu non hai la mamma.»

«Voglio andare da mia mamma.»

«Tesoro tua mamma non c'è più» intervenne mia madre.

«Voglio andare da mia mamma» continuò lui.

«Finiamo di mangiare e poi ci andiamo. Cosa ne pensi?» Cercavo in qualche modo di distrarlo, con la speranza che dopo cena avrebbe dimenticato tutto.

«Ho detto, voglio andare da mia mamma.»

Stavo per perdere la pazienza.

*"Ricorda quello che ti ho insegnato, ricorda il viaggio che hai fatto oggi. Mantieni il contatto visivo e*

*imposta uno stato d'animo positivo. Ascoltalo con le orecchie, gli occhi e il cuore."*

La vocina, come sempre venne in mio aiuto.

«Ok papi, andiamo da tua mamma» lo presi sottobraccio e lo portai fuori dalla stanza.

*"Parlagli lentamente, in modo chiaro e con un tono di voce calmo"*

«Ma dove vai?» mi disse mia madre.

«Non preoccuparti.»

Lo portai nel salone, vicino alla hall. Lo feci sedere sul divano e gli dissi di attendere che sua madre stava per venire. Dopo pochi minuti iniziai a raccontargli delle storie passate, di quando andavo a scuola, delle mie amiche, dei professori poi gli raccontai il giorno quando lui si sposò con mia madre, quando nacqui io, insomma gli raccontai tante di quelle cose che dimenticò sua madre.

«Cosa ne pensi se andiamo a mangiare? Sicuramente sarà arrivata la pasta. Non hai fame?»

«Sì, andiamo» mi rispose alzandosi dal divano.

La pazienza e l'amore ormai le avevo fatte amiche e forse queste furono l'arma vincente per convivere con mio padre e farlo stare bene.

Dopo esserci riseduti a tavola e facendo l'occhiolino a mia madre per dirle che andava tutto bene continuammo a mangiare.

«Ne ero sicura» dichiarò Tea.

«Di cosa?» domandai.

«Che saresti riuscita a calmare tuo padre e farlo tornare qui da noi sereno e col sorriso.»

«Grazie a voi» dissi guardando Tea e subito dopo Miranda.

«Continuiamo a mangiare, tra poco è mezzanotte» interruppe Vanna.

La cena proseguì, era tutto squisito persino il dolce, un tronchetto innevato di Natale, farcito con crema di nocciola e panna montata. La neve era la farina di cocco che creava uno scenografico effetto. Tra chiacchiere, qualche risata e buon cibo la sera trascorse serena. Mio padre cercava di intrufolarsi nei nostri discorsi, ovviamente dicendo molte cose senza senso, ma cercavo sempre di fare finta di capirlo.

*Devi essere sempre così piccola Patry. Credi alla gioia del Natale, vivi tuo padre anche nella sua malattia. In fondo al suo cuore lui, anche se non capisce, lo percepisce. Sai l'effetto che hanno certe emozioni: arrivano Oltre, arrivano dove nessuno riesce ad arrivare. Guarda tuo padre. Non sa che è Natale, forse non sa chi siete tutti voi, ma dentro di sé è felice, anche se la malattia lo sta risucchiando in un vortice infinito. Vivi piccola Patry, gioisci, sii felice, credi, spera, fai tutto quello che hai chiuso in un angolo del tuo cuore.*

«Dieci, nove, otto, sette, sei, cinque, quattro, tre, due, uno… auguriiii» Tea stappò lo spumante e tutti battemmo le mani compreso mio padre. Abbracciai tutti. Tea mi strinse forte, Miranda fece lo stesso. «Ragazzina mi raccomando da oggi in poi cerca di vedere la vita in modo diverso. Cerca di vedere *Oltre*.»

«Grazie Miranda.»

«Amica auguriiii» Vanna venne verso di me mi strinse e poi mi baciò sulla guancia. «Spero che questo Natale sia l'inizio di tanti altri assieme.»

«Sì Vanna me lo auguro anch'io.» Poi mi voltai verso i miei genitori e li vidi abbracciati. Mi avvicinai a loro.

«Quanto siete belli.»

«Tu sei bella» disse mia madre.

«Auguri mamma, buon Natale.» La vidi sorridere, un sorriso sincero, un sorriso che non vedevo da anni. «Spero che questo Natale speciale ci porti tanta serenità.»

«Papi auguriii» mi voltai verso di lui, mi guardò con lo sguardo assente. «Auguri di cosa? Ho fatto il compleanno?»

«No, oggi è Natale, oggi è nato Gesù bambino. Oggi è un giorno particolare, un giorno felice, un giorno magico.»

«Voglio lo spumante» esclamò. Gli presi un bicchiere dal tavolo con dello spumante e glielo porsi. Ne presi uno anch'io e gli dissi «Cin, cin. Nessuno potrà fermarci, neanche questo maledetto mostro.» Presi il mio bicchiere e lo appoggiai al suo. Lui reagì al mio gesto ma subito dopo si portò il bicchiere sulle labbra e lo bevve tutto d'un fiato.

«Biagio ma cosa fai? Lo spumante va sorseggiato.» Mia madre come al solito lo rimproverò. Eravamo sempre pronti a dirgli cosa doveva o cosa non doveva fare. Ma sapevo che era tutto sbagliato.

«Mamma lasciagli fare quello che vuole. Non gli farà male, cosa vuoi che sia un bicchiere di spumante.»

«Ne voglio ancora.»

«Papi cosa ne pensi di un altro bel pezzo di torta?» cercai di distoglierlo e funzionò.

«Sì, sì un pezzo grosso.»

«Subito. Siediti che ti do una fetta gigante»

Mio padre era tornato bambino e come i bambini aveva bisogno di cure e di essere accudito. Non lo avevo capito o forse mi rifiutavo di capire. Ma sentivo che in quel momento stavo bene con me stessa e con tutto quello che mi circondava.

«Auguriii a tutti» disse Miranda alzando in alto il calice con lo spumante.

«Buon Natale» rispondemmo all'unisono con i nostri calici alzati.

Non avevo mai passato un Natale così bello, soprattutto bello dentro di me. Lo vedevo con occhi diversi ed era veramente magico come lo descrivevano gli altri.

Mio padre si alzò dalla sedia e andò a sedersi sul divano, afferrò il telecomando e accese la TV.

«Ci guardiamo un film?» mi domandò.

«Con piacere. Sai cosa ci guardiamo?»

«Cosa?»

«Un bel film di Alberto Sordi, cosa ne pensi?» Gli sorrisi.

«Il mio preferito» mi rispose con lo stesso sorriso.

«Lo so!» gli feci l'occhiolino e sedetti accanto a lui. Gli misi un braccio attorno alle spalle e accesi la TV.

Era tutto perfetto.

«Io vado a letto, sono molto stanca.»

«Tra poco vado anch'io» informai Vanna.

«Notte amica.»

«Notte Vanna.»

«Ragazze domani mi attende un'altra bella mattinata, perciò vado a letto» ci informò Miranda.

«Miranda ma domani dove vai di bello?»

«Piccola Patry domani ho un altro bel viaggio da fare.»

«Patry vai a letto anche tu, hai dimenticato che domani mattina anche noi abbiamo il volo che ci attende?» mi ricordò Tea.

«Domani?»

«Sì domani?»

«Non ricordavo. Ma così presto? » risposi dubbiosa.

«Il nostro compito qui è finito, abbiamo fatto ciò che dovevamo fare, è ora di tornare a casa» Tea sorrise facendomi l'occhiolino.

«Ma loro verranno con noi?» domandai indicando i miei genitori.

«No, loro resteranno qui, ma stai tranquilla andrà tutto bene.»

«Ma chi si prenderà cura di mio padre.»

«Ci sono io, non preoccuparti» pronunciò mia madre.

Forse era arrivato il momento di ritornare alla realtà. Avevo capito che qualcuno mi aveva catapultato nel passato solo per farmi capire che il mio cammino era sbagliato, solo per farmi riflettere sui miei rimorsi e rimpianti.

Adesso mi sentivo pronta per tornare.

Andai in camera e vederla addobbata con tutte quelle luci colorate mi rendeva felice. Accesi la radio e la sintonizzai sul canale dove trasmettevano musiche natalizie. Volevo vivere le ultime ore fino alla fine.

Mi avvicinai a Santa Claus «Pss, pss che fai dormi?» ma lui non rispose.

«Ei Santa Claus perché non rispondi?»

Nulla, mi sa che parlava solo quando diceva lui. Pensai.

Aprii la porta finestra, fuori nevicava. Perfetto per contornare quella serata. Il cielo era nuvoloso, ma le nuvole erano talmente bianche che sembravano zucchero filato e quei fiocchi di neve che cadevano lentamente crearono una vera atmosfera natalizia.

Era molto tardi e così, dopo essermi lavata, misi il pigiama, mi spalmai la crema sul viso, mi lavai i denti e andai verso il letto che mi attendeva con trepidazione.

«*Ehi, Patry vai a letto senza darmi la buona notte?*»

«Ehi, ma dove sei stato. Perché non mi hai risposto prima?»

«*Vagavo in altri viaggi.*»

«Mi sa che viaggiamo tutti.»

«È importante *viaggiare, apre la mente.*»

Gli sorrisi.

*«Patry domani tornerai a casa. Spero che questa esperienza ti sia servita. Spero che porterai con te le magie del Natale. Spero che lascerai qui i tuoi rimorsi, spero che non avrai più rimpianti. Spero che ci ritroveremo tutti al di là di questo viaggio. E quando farai l'albero di Natale pensami.»*

«Santa Claus non potrò dimenticarti. Ogni Natale sarai con me. Penso che al mio rientro molte cose cambieranno. Adesso mi sento più leggera. Questo viaggio mi ha aiutata a liberarmi da una grossa spina nel cuore. Era talmente profonda che da sola non sono stata capace di toglierla. Ho capito i miei errori, ho capito che da oggi in poi devo vedere la vita diversamente. Devo accettare tutto quello che vuole darmi, ma con un atteggiamento positivo. Adesso torno a casa con un bagaglio pieno di pensieri positivi e con un cuore stracolmo d'amore.

*«Buon Natale, piccola.»*

«Buon Natale Santa Claus» gli risposi mentre mi infilai sotto il profumato piumone. Appoggiai la testa sul cuscino e dopo pochi secondi mi addormentai.

Prima di lasciare la camera mi girai attorno, era tutto perfetto. Mi avvicinai a Santa Claus.

«Ehi amico io vado via, ti ringrazio di tutto. Mi dispiace tanto lasciarti…»

Lui non rispose e così afferrai la valigia e mi diressi verso la porta e mentre stringevo la maniglia per aprirla *«Ehi piccolina, stai tranquilla, ci sentiremo ogni Natale.»*

Mi voltai verso di lui, mi guardava dritto negli occhi

*«Sei una persona speciale. Fai tesoro di tutto quello che ti ho detto e di questo meraviglioso viaggio.»*

«Sì, è già tutto dentro il mio cuore» mi voltai nuovamente verso la porta e chiudendola alle mie spalle andai via.

Tea era già nella hall. C'erano anche i miei genitori e Vanna.

«Dormigliona sei pronta?»

«Buongiorno a tutti, stanotte ho dormito benissimo, non dormivo così da anni.»

«Il taxi che ci porta all'aeroporto sta attendendo noi.»

«Loro dunque restano qui» dissi indicando Vanna e i miei genitori.

«Loro restano qui. Stai tranquilla li rivedrai.»

Non feci altre domande e andai a salutarli. Abbracciai Vanna sussurrandogli «Ti voglio bene.»

Poi andai verso i miei genitori e li abbracciai assieme «Mamma abbi cura di papà, abbi tanta pazienza perché è quella che a noi è mancata.»

«Figlia mia ascolterò il tu consiglio.»

«Papi tu non fare arrabbiare la mamma e mi raccomando fai il bravo» gli dissi sorridendo.

«Tu stai andando da tuo fratello?»

«Papi ma io non ho fratelli.»

«Sì quello che abita lontano.»

Non lo contraddissi e gli risposi: «Sì papà vuoi che te lo saluti?»

«Sì , digli che mi manca.»

Con tristezza lo abbracciai nuovamente e gli diedi un bacio sulla guancia.

«Patry sbrigati, perderemo il volo» urlò Tea che già era fuori dall'hotel.

«Arrivo.»

*Non ci sarà lo svelamento dell'enigma, la spiegazione tanto attesa, la parola che darà un senso a tutto ciò che ci ha tormentato o tenuto con il fiato sospeso. Nulla di tutto questo. Arrivati all'ultima pagina del libro, avidi di una rivelazione, divorati dalla curiosità, noi... moriremo.*

*(Fabrizio Caramagna)*

# OLTRE IL CHECK-IN

Durante il tragitto in taxi Tea mi diede il biglietto del ritorno.

«Patry questo è il tuo biglietto, dovrai presentarlo al check-in.» Lo presi tra le mani, c'era scritto destinazione *Realtà* alzai lo sguardo e lo rivolsi verso di lei, capì. Nel biglietto non era segnato né il giorno né l'anno, forse perché nessuno sapeva quando sarei tornata, ma una cosa era certa, era Natale; almeno lo era in questo luogo.

«Sì mia cara, stiamo tornando alla *Realtà*.»

Ero certa che quel viaggio non fosse reale. Sembrava un sogno, mi diedi un pizzicotto sul braccio, ma non accadde nulla, ero ancora lì. Arrivammo all'aeroporto.

«Biglietto e documento» mi chiese l'hostess d'imbarco. Estrassi dalla borsa i documenti e glieli porsi. Lei li afferrò e li attenzionò. Dopo qualche secondo mi disse: «Il viaggio di ritorno è sempre più faticoso. Ma l'importante è tornare.»

«Sì» confermai perplessa.

«Vedo che la valigia è abbastanza piena» continuò l'hostess

«Un problema?»

«No, è giusto che sia così. Quando si parte per un viaggio alla scoperta di se stessi si deve sempre tornare con la valigia piena di insegnamenti, emozioni, ricordi ritrovati, ricordi da conservare e se sarà stata fortunata sicuramente avrà anche messo in valigia qualche pizzico di speranza.»

«In effetti ho proprio tutto quello che ha elencato.»

Lei mi fece l'occhiolino, mi restituì i documenti e mi augurò buon viaggio.

Il mio posto era sempre accanto al finestrino e Tea accanto a me. Dopo aver ascoltato le comunicazioni d'imbarco, informazioni che mi creavano sempre molta ansia, l'aereo decollò.

Passarono solo pochi minuti che il tempo si annuvolò. Stesso tempo di quando partimmo all'andata.

Guardai fuori, ma potevo vedere solo nuvole e sentire vuoti d'aria che si alternavano facendomi spaventare ogniqualvolta.

«Ti vedo tesa, rilassati.»

«Tea tu la fai semplice perché non hai paura. Io ho terribilmente paura di viaggiare col brutto tempo.»

«Pensa ai giorni appena passati» mi suggerì.

«Ci provo.» E chiusi gli occhi provai a ricordare i bei momenti con mio padre: il più emozionante fra tutti rimaneva il viaggio nei suoi ricordi. Ma i pensieri belli non durarono molto, perché un lampo seguito da un tuono mi fecero sobbalzare.

«L'ora prevista dell'arrivo?» chiesi a Tea con voce tremante.

«Non ci vorrà molto, perciò rilassati, dormi, non essere impaziente.»

«Va bene.»

Avevo bisogno di rilassarmi e non pensare.

Presi una chewing gum dalla borsa, anzi ne presi due e iniziai a masticare. Accanto alla confezione toccai una scatoletta di legno. Cosa ci faceva dentro la mia borsa? mi chiesi perplessa. L'afferrai e apertala vidi che dentro c'era una piccola sfera di vetro. La guardai e mi vidi riflessa nella palla. Poi guardandola con più attenzione, dietro il mio riflesso vidi dell'altro. Avvicinai la sfera e notai che oltre a me c'era anche mio padre. Sorrideva, era felice. Non era solo, era con mia madre che si abbracciavano teneramente. Accanto a loro c'era un bellissimo albero di Natale addobbato con tante palle argentate.

«*Guarda come sono felici, per chi si trova nella condizione di tuo padre la medicina migliore è trasmettere serenità e tanto amore. Con tuo padre è stato difficile non lo avete mai accettato. Non avete mai accettato la sua malattia, come è normale che sia.»*

«Dove abbiamo sbagliato?»

«*Non avete sbagliato, avevate solo paura, vi siete trovate di fronte a qualcosa di più grande di voi. Spero che questo viaggio ti abbia aiutato a far pace con te stessa. E spero che d'ora in poi saprai gestire i sensi di colpa e i rimorsi.*»

«Questo viaggio mi ha aiutata a capire , torno a casa più serena.»

Improvvisamente l'immagine sulla sfera scomparve assieme alla voce che mi aveva accompagnato lungo quel viaggio.

La riposai dentro la scatola e vidi che c'era dell'altro. Erano delle foto. Le presi: erano le foto della sera prima. C'ero io e mio padre vicino all'albero di Natale. Io con Vanna abbracciati. I miei genitori col bicchiere dello spumante che stavano brindando, e quella tutti insieme che brindavamo alla mezzanotte.

Che bei ricordi, pensai mentre riponevo le foto dentro la scatola, ma mentre la stavo chiudendo notai che nell'angolo della scatola c'era il classico ciondolo che si appende all'albero. Era un piccolo babbo Natale in acrilico. Lo guardai attentamente e notai che era simile al Santa Claus che avevo in camera.

«*Adesso che hai riscoperto il Natale sono pronto a venire con te. Custodiscimi con cura e ogni Natale non dimenticare di appendermi all'albero.*»

«Non lo dimenticherò.»

«Patry ma con chi parli?» mi domandò Tea.

«Con nessuno» risposi, mentre richiudevo la scatola e la conservavo in borsa. Stava iniziando a piovere. Guardando l'oblò dell'aereo potevo solo vedere le gocce della pioggia che sbattevano con violenza sul vetro per scivolare velocemente come serpenti in fuga.

«Preoccupata?» mi sussurrò una signora, seduta dietro di me, avvicinandosi al mio schienale.

«Stavolta no» Mi voltai verso la signora e come al solito le sorprese non erano ancora finite «Miranda anche tu qui?»

«Chi ti molla, tesoruccio mio.»

«Ma oggi non dovevi...»

«Sì, dovevo fare un bel viaggio. Eccomi qui.»

«Perché non mi hai detto che saresti venuta anche tu.»

«Perché come sempre volevo farti una sorpresa.»

«E ci sei riuscita.»

Continuava a piovere senza sosta. I vuoti d'aria erano persistenti ma questa volta non avrei perso il controllo.

«Patry hai fame, vuoi mangiare qualcosa?»

«Tea grazie, ma in questo momento vorrei solo arrivare a casa.»

«Ci siamo quasi. Non avere fretta.»

*Tutti i libri che siano tragedie o commedie, favole o thriller, finiscono tutti allo stesso modo. Il lettore all'ultima pagina si risveglia e pensa: "che ci faccio qui nella vita reale?*

*(Fabrizio Caramagna)*

«Mamma, mamma svegliati» mi urlava mio figlio. Aprii gli occhi. Dov'ero? Anzi dov'ero stata? Mi chiesi mentre le mie palpebre si aprivano lentamente. Mi voltai e davanti a me c'era un ragazzino che mi strattonava.

«Mamma mi hai fatto preoccupare, è da un po' che ti chiamo, ma tu dormivi profondamente.»

Aprii del tutto gli occhi, misi a fuoco il ragazzino ma la mia mente non mandava nessun impulso, era totalmente spenta. Mi sentivo come se fossi stata sott'acqua per tanto tempo senza respirare, e con la sensazione di morire. Mi sentivo come se qualcuno mi avesse tirato fuori dall'acqua e adesso piano piano iniziavo a respirare.

«Mamma, mamma ma cos'hai? Ti vedo strana» continuava.

Mi alzai dal letto e mi guardai attorno, quella stanza la conoscevo, quel ragazzino pure, ma chi ero?

«Mamma sbrigati devi accompagnarmi a scuola.»

«Adriel!» urlai improvvisamente come se qualcuno mi avesse suggerito il nome.

«Mamma perché urli? Ti senti bene!»

All'improvviso capii dov'ero, chi ero e che dovevo accompagnare mio figlio a scuola.

«Sbrigati è tardi, ma lo hai visto l'orologio?» urlai a mio figlio.

«Mamma mi sa che non stai tanto bene» rispose Adriel guardandomi stranito.

Le strade erano intasate, troppa confusione e così mio figlio rischiò di arrivare in ritardo. Fortunatamente mi ricordai una scorciatoia e così entrò qualche secondo prima che suonasse la campana.

«Mamma più tardi lo facciamo l'albero di Natale?»

«Amore ma l'albero di Natale si fa l'otto di dicembre è ancora presto, ma se vuoi stasera lo facciamo, ti prometto anche che questo sarà un Natale diverso. Vedrai ci divertiremo tutti insieme.»

«Allora lo facciamo stasera!» insistette mio figlio.

«Va bene. Stasera lo addobbiamo.»

Mi sorrise felice e andò a scuola.

Bene, adesso dovevo solo riflettere su cosa mi era successo. Pensai che l'unica spiegazione era di aver fatto un sogno così reale che adesso mi sentivo destabilizzata, ma nello stesso tempo mi sentivo con l'anima serena, mi sentivo una persona nuova, una persona più consapevole. Quel sogno fu come un viaggio interiore, mi aveva permesso di guardarmi dentro, di conoscere e accogliere quelle emozioni che avevo allontanato e rimosso perché mi provocavano dolore. Quel viaggio mi aveva aiutato a capire tante cose.

Stavo per tornare a casa ma cambiai strada. Percorsi la via principale, poi voltai a destra e dopo pochi chilometri svoltai a sinistra. Sapevo benissimo dove stavo andando e fremevo per arrivare. Ultimi metri e sarei arrivata. Erano anni che non percorrevo quella strada e guardandomi attorno potei notare che non era cambiato nulla. Il panificio dal buon pane, la salumeria dei fratelli Bonfatti, la farmacia, e anche la piccola bottega dove vendevano tutto per la casa erano ancora lì. Sorrisi ricordando i vecchi tempi, ricordando i tempi spensierati. Ero felice di aver fatto quella scelta, di aver svoltato e cambiato strada.

Arrivai e posteggiai a solo pochi metri dal portone. Non nego che avevo l'ansia, ma avevo perso tanti anni preziosi e adesso dovevo solo recuperarli. Davanti al portone guardai i nomi sul citofono, e anche quelli non erano cambiati. Suonai, ma nessuno rispose, sentii però aprire il portone. Entrai, l'ascensore era occupato e, per non attendere, presi le scale. L'età si faceva sentire, ormai tre piani erano diventati pesanti. Arrivata davanti alla porta, presi fiato e suonai il campanello. Attesi qualche secondo e sentii una voce dall'altra parte.

«Chi è?» ritardai a rispondere

«Chi è?» ripeté la voce

«Patry.»

La porta si aprì subito. Lei mi guardò e non disse nulla. Era cambiata, qualche ruga sotto gli occhi e un po' sciupata, d'altronde gli anni erano passati.

«Ciao Vanna» la salutai restando immobile davanti alla porta. Lei mi guardò e non rispose. Avevo la sensazione che volesse chiudere la porta invece mi sbagliai.

«Ciao» salutò semplicemente

«Disturbo?»

«No, entra pure. Sono sola. I ragazzi sono a scuola e mio marito a lavorare.»

Entrai, la casa era rimasta come l'ultima volta che ci andai. «I ragazzi» dissi di rimando «Certo ormai saranno grandi.»

«Sì, sono diventati due giovanotti.»

«Anche i miei sono cresciuti, sono più alti di me» le dissi senza che lei mi facesse domande.

«Perché sei qui?»

«Vengo da un viaggio, un viaggio breve ma intenso. Ho imparato tanto.»

«Da questo viaggio?» mi interruppe Vanna.

«Sì. Ho imparato che a volte bisogna chiedere scusa, ho imparato che la vita è breve e che non dobbiamo morire con i sensi di colpa o rimorsi. Che l'amicizia, l'amore sono sentimenti che dobbiamo tenerci cari, non roviniamo tutto per qualche incomprensione. Abbiamo perso tanti anni della nostra amicizia e…»

«Basta, non dire più nulla. Ogni giorno ho sempre pensato di venire da te e dire quello che oggi tu hai detto a me, ma non ho avuto mai la forza di farlo, o forse dovrei dare la colpa a questo maledetto orgoglio che mi ha sempre fregato.»

«L'orgoglio ha frenato anche me, amica mia. Ma oggi sono una donna più consapevole, più forte. Oggi so che dobbiamo ascoltare di più il cuore e mettere da parte l'orgoglio, lui ci intrappola creando una corazza da cui è difficile uscire.»

«Patry.»

«Vanna.»

«Ma cosa stiamo aspettando ad abbracciarci?»

Le sorrisi, mi avvicinai a lei e senza dire una parola ci abbracciammo così forte che sentimmo le nostre ossa scricchiolare.

«Amica mi sei mancata» mi sussurrò all'orecchio.

«Anche tu.»

Si distaccò e chiese «Perché mi hai allontanata? Perché non mi hai mai detto nulla della malattia di tuo padre? Ti sarei stata vicina, non ti avrei mai giudicata.» Aveva le lacrime agli occhi, ma si trattenne.

« Mi ero persa» esclamai senza dire altro.

Lei capì.

Mi offrì una tazza di caffè e quei meravigliosi biscotti al burro che amavo tanto. Chiacchierammo senza accorgerci del passare del tempo e come se il tempo non fosse mai trascorso. Quel viaggio voleva che mi riconciliassi con i fantasmi del passato: Vanna e mio padre.

I giorni trascorsero velocemente. Ormai eravamo quasi a Natale e come sempre dovevo ancora comprare i regali.

«Mamma mi prepari la divisa del calcio, alle sei devo essere già al campo.»

Mentre preparavo la divisa la mia mente ricordò qualcosa e improvvisamente ebbi una fitta al petto.

«Mamma, io e papà stiamo andando.»

«Aspettatemi vengo anch'io» dissi senza rendermene conto.

«Ma non sei mai venuta, come mai proprio oggi?» domandò mio figlio con un'espressione tra l'incredulo e il felice.

«Non vuoi?» sorrisi mentre afferravo il cappotto e con un gesto veloce lo indossai.

«Papà, papà viene anche la mamma» urlò mio figlio di felicità.

Mio marito mi guardò, non disse nulla, ma sorrise e prendendomi sottobraccio sussurrò «Andiamo.»

Fortuna che quella sera portai la sciarpa e il cappello. Troppo freddo e a stare seduti lì in tribuna stavo proprio diventando un iceberg.

«Gooool» urlò mio marito.

«Bravooo amore mio» urlai anch'io alzandomi dalla tribuna. Col pollice feci segno di vittoria verso Adriel che voltandosi verso di me mi regalò un sorriso smagliante.

Quella sera mio figlio fece due goal ed era entusiasta, soprattutto perché c'ero anch'io.

Capii che era importante andare a vedere qualche partita di mio figlio. Non volevo che un giorno me lo rinfacciasse.

«Mamma sono tanto contento.»

«Perché hai fatto due goal?»

«No.»

«Allora perché lo sei?» Eravamo seduti a tavola. Era l'ora di cena e mio marito per quella sera aveva comprato le pizze. La cena preferita dei miei figli.

«Sono felice perché stasera sei venuta a vedermi.» Gli occhi gli brillavano di felicità e mentre addentava la pizza continuò a parlare con la bocca piena «Alla prossima partita verrai di nuovo?»

«Ti prometto che da oggi in poi verrò sempre.»

«Evviva» cercò di urlare mio figlio sempre con la bocca piena.

# 24 DICEMBRE, ANDARE OLTRE

*La vita può essere capita solo all'indietro ma vissuta in avanti.*

(Soren Kierkegaard)

Quella mattina la temperatura segnava tre gradi, non c'era mai stato così freddo. La notte aveva nevicato e la città appariva tutta bianca davanti ai miei occhi, ma dovevo andare a trovare mio padre.

Dopo aver indossato il cappotto, lo scalda collo, i guanti e un berretto di lana, uscii da casa lasciando i miei figli e mio marito a letto sotto il piumone. Presi la macchina e, malgrado lo sterzo congelato, misi in moto e partii. Le strade erano deserte. La gente era in casa a preparare il cenone di Natale. Io avevo quasi tutto pronto, ma tanto dovevamo essere solo in nove.

Il manto stradale era congelato, perciò cercai di camminare piano, ma la macchina davanti a me frenò all'improvviso e così l'istinto mi fece frenare con impeto. La macchina non riuscì a fermarsi e stavo per sbattere contro quella davanti, ma con un gesto rapido girai lo sterzo ed evitai un brutto Natale. La sensazione che provai fu come quella nel sogno, quando l'aereo stava per precipitare. Quel sogno mi perseguitava, non so il perché ma a volte sembrava che avesse qualcosa in comune con la realtà: riusciva a farmi stare bene.

Posteggiai la macchina, mi coprii bene e con passo veloce andai da mio padre.

Alzai lo scaldacollo fino a coprirmi il naso, anche quel freddo mi ricordava il sogno e mentre lo ricordavo mi accorsi che aveva iniziato a nevicare. Quei soffici e leggeri fiocchi di neve cadevano delicatamente fermandosi su di me per qualche secondo e poi si scioglievano subito. Continuai a camminare, misi le mani in tasca e aumentai il passo, la neve si intensificò e il freddo era pungente. Ero quasi arrivata. Entrai e salii una rampa di scale. Pochi passi ancora. Non c'era nessuno, fortunatamente, perché amavo restare sola con lui. Amavo quell'intimità. Mi fermai, alzai leggermente lo sguardo e lui eri lì di fronte a me. Sfiorai la foto con le dita e lo accarezzai.

«Ciao Papà, eccomi. Come stai?» I fiori erano ancora freschi, di sicuro il giorno prima era venuta mia madre. Il loculo che c'era accanto era vuoto, perché mia madre lo acquistò anni prima per sé. Così era sicura che un giorno, prima o poi, sarebbe stata accanto a suo marito.

«Sai papi oggi c'è molto freddo, spero che tu non lo senta lì dentro.» Sembrava che mi stesse guardando e che mi volesse parlare.

«Papi, molti giorni fa ho fatto un sogno molto strano. C'eri tu, la mamma, Vanna e poi altre due donne. Poi tu un giorno hai deciso di fare un viaggio col treno e sai dove mi hai portato?» Gli sorrisi e come sempre i miei occhi notarono che anche lui ricambiava il sorriso. «Nei tuoi ricordi. È stato un viaggio intenso, ho capito i miei errori, e dagli errori ho capito che mi sono persa un sacco di cose, tutto per colpa mia. Adesso so che avrei voluto avere un altro tipo di rapporto. Avrei voluto starti più vicino, avrei voluto abbracciarti spesso, ma non ce la facevo. Spero che non sia tardi. Adesso so che tu non ce l'hai con me. Adesso sono sicura che tu hai capito il mio comportamento. Ho sbagliato in tante cose, ma ero una ragazzina e dentro di me ero arrabbiata con la vita che mi ha tolto te troppo presto. Ma so che tu ci sei e ci sarai sempre. Non ho più rimorsi e sensi di colpa, adesso grazie a quel sogno/viaggio sto bene con me stessa. Sono tornata diversa.» Una lacrima mi scese dal viso e con disinvoltura l'asciugai con la mano «Papi ti voglio tanto bene anche se in passato te l'ho detto poche volte, ma tu lo sai che ti voglio bene.

Spero che le mie parole ti arrivino dritte al cuore.» Improvvisamente un petalo di una rosa che era nel mazzo di fiori che aveva mio padre nel vaso, cadde leggiadro a terra. Lo guardai cadere, lo seguii con gli occhi e lo vidi poggiarsi accanto al mio piede. Il mio cuore mi disse che era un segnale di mio padre. Mi chinai e lo colsi. Lo annusai, aveva un buon profumo simile all'odore dell'incenso. Era soffice e vellutato al tatto. «Papi vuoi dirmi qualcosa, lo so» gli dissi guardando la foto.

«Vuoi dirmi che mi hai perdonata e che sai benissimo che ti voglio un mondo di bene.» Un altro petalo cadde, fu per me una conferma. Allungai il braccio e accarezzai delicatamente la foto fredda con i polpastrelli delle dita. «Buon Natale papà. Stasera non dimenticare alle otto a casa mia. Saremo tutti lì non puoi mancare» mi avvicinai alla foto e la baciai.

«Ciao Papi.»

*La vita è un viaggio e chi viaggia vive due volte*

(Agostino d'Ippona)

Andai via. Fuori continuava a nevicare e così allungai il passo e arrivai in auto. Prima di arrivare a casa dovevo fare un'ultima cosa e così presi la strada principale. Fortunatamente non trovai tanta confusione. La percorsi per almeno tre chilometri. Durante il tragitto cercai alla radio una stazione dove trasmettessero qualche canzone piacevole. La trovai, Scatola di Laura Pausini. L'ascoltai con attenzione e mi coinvolse talmente tanto che mi parve di sentire una presenza accanto a me, seduta a farmi compagnia in quella giornata fredda.

*Ti ho lasciato in una scatola per poterti ricordare perché cucire di ricordi il sole serve a non dimenticare.*
*Ti ho trovato in una scatola, c'era il tuo numero di cellulare.*

*Ti ho cercato ma niente da fare, chissà se mi hai dimenticata.*
*Ma io non ti ho dimenticata, io non ti ho dimenticata ricordati che io, ricordati che tu siamo la stessa cosa …*

*Laura Pausini, Scatola*

La neve cessò di cadere e la visibilità fu decisamente migliore.

Rallentai, ero quasi arrivata.

Dopo aver cercato un posteggio per più di dieci minuti lo trovai su una strada poco frequentata.

Camminai verso la strada centrale, con passo svelto. Anche quella poco affollata. Fortunatamente non nevicava più, ma il tempo era comunque brutto. C'era una fitta nebbia e un inizio di vento fastidioso.

Vicolo dei Miracoli, lessi la via ed ero proprio arrivata davanti alla bottega, ma vidi che era chiusa.. La saracinesca era arrugginita, sembrava chiusa da anni.

«Mi scusi sa perché è chiusa?» chiesi ad un passante.

«Mi dispiace, non saprei.»

Guardai in alto per vedere l'insegna, notai che la bottega non ne aveva. Non avevo mai fatto caso a questo particolare. Mentre stavo cercando di ricordare passò un altro signore, poteva avere quarant'anni e doveva avere anche molto freddo, dato che potevo intravedere solo gli occhi, rimasti scoperti.

«Buongiorno, mi scusi sa perché è chiusa?»

«Salve, ma questa libreria è chiusa da anni.»

«Impossibile!» esclamai sbigottita.

«Signora abito proprio in questo palazzo» mi disse indicando il palazzo sopra la libreria «E secondo lei non so quando ha chiuso la libreria?»

«Oh no, non sto dicendo che lei non ricorda, è che io pochi giorni fa ero venuta qui a comprare dei libri.»

«Signora forse sta sbagliando libreria, sa a volte capita» continuò il signore andando via. Guardai attorno, non mi ero sbagliata. La strada era quella e anche la libreria. Di fronte c'era un bar ed era proprio lì. Mi voltai per guardare l'altro angolo, perché ricordavo che c'era un chiosco ed era proprio lì anche lui.

Cosa mi stava succedendo? Perché quel signore diceva che la libreria non c'era più da anni? Perché io la ricordo bene?

C'era anche una simpaticissima signora, molto gentile che a volte mi consigliava i libri chiedendomi il mio stato d'animo.

«Signora mi scusi ma lei sta cercando la libreria *L'odore dei libri* della signora Miranda?»

«Sì, proprio lei!» esclamai entusiasta.

«Una donna eccezionale. Lei mi ha aiutata quando ho perso mia sorella. Ho avuto una brutta depressione e lei, la signora Miranda, è riuscita a risollevarmi. Ero entrata in un tunnel e non riuscivo più a vedere la luce. Ma grazie a lei eccomi qua sorridente.» Gli occhi dell'anziana donna erano piccoli ma emanavano tanta serenità. Il suo sorriso era sincero e contagioso.

Non riuscivo a capire perché una libraia fosse capace di aiutare una donna caduta in depressione, ma in fondo al mio cuore sapevo che c'era qualcosa che coincideva con la mia storia.

«Ma allora anche lei ha letto il libro *Oltre il check-in?* mi domandò l'anziana donna. La sua espressione somigliava a quella dei bambini quando vedono per la prima volta qualcosa di nuovo.

«Sì» risposi perplessa. O forse dovevo dirle che invece di leggerlo l'avevo proprio vissuto o sognato...

«Bene, la libreria, che poi non è proprio una libreria, non ha chiuso, non ha mai chiuso, ma pochi conoscono la sua esistenza.»

La donna, che poteva avere più di ottant'anni, portati bene, mi sorrise. «Accanto a quella saracinesca arrugginita c'è un piccolo ingresso, lo vede?»

«Quella piccola porta di ferro?» domandai guardando dove mi stava indicando la signora.

«Sì, perfetto.»

La guardai con tenerezza, era una donna che sicuramente ne aveva passate tante, ma doveva essere una vera lottatrice. Aveva molte rughe, e i capelli bianchi raccolti la rendevano ancora più anziana.

«Signora la ringrazio. In effetti mi sento molto confusa. Sono tornata da un viaggio, ma non è stato un viaggio vero e proprio. È stato come se...» La donna non mi fece terminare la frase che aggiunse «Come se avesse fatto un lungo sogno.»

«Sì, perfetto. Mi sento proprio così.»

«Vada pure, la signora Miranda la trova proprio lì dentro. Le auguro una buona giornata e sono felice per lei.»

La guardai andare via e senza rendermene conto le urlai «Perché è felice per me?»

Lei si voltò, si fermò e dopo qualche secondo mi urlò anche lei, per farsi sentire «Perché è riuscita a tornare dal suo viaggio» si voltò nuovamente e dopo pochi secondi la sua sagoma scomparve alla mia vista.

Mi girai verso la porta indicata dalla signora. Mi avvicinai e bussai con le nocche della mano destra. Attesi qualche secondo, ma non rispose nessuno. Ribussai, questa volta mettendo più forza, ma nessuno rispose. Afferrai la maniglia, la abbassai e notai che la porta si apriva. Entrai in punta di piedi «Permesso, c'è qualcuno?» dissi mentre chiudevo la porta alle mie spalle. Nessuno rispose, ma davanti a me si presentò una stanza stracolma di libri. Ecco perché ricordavo nella mia mente una libreria. Le pareti erano piene di scaffali e gli scaffali pieni di libri.

Mi avvicinai nello scaffale frontale e notai che i titoli dei libri erano quasi tutti simili: *Il sentiero del viaggio, I segreti del viaggio, L'eroe e il suo viaggio, Viaggio interiore, In cammino.* Mentre leggevo i titoli fui avvolta da una leggera essenza di fiori. Mi sentii come se fossi in un meraviglioso campo dove un soffio di vento mi avvolgeva tra i profumi della natura e il lontano cinguettare degli uccellini.

«Buonasera Patry bentornata.»

Mi voltai e restai basita «Miranda!» esclamai.

Lei mi guardò, vide che ero confusa e così mi disse di seguirla. La seguii, lei aprì una porta che separava la stanza dei libri da una stanza prettamente da medico.

C'era un tavolo, una piccola libreria antica, dove notai alcuni libri medici e infine c'era una poltrona blu di fronte al tavolo.

«Siediti su quella poltrona» mi disse mentre lei si sedette sulla sedia dietro il tavolo.

«Eccoci qua, cara Patry.»

«Miranda, ma cosa mi sta succedendo?»

«Patry non ti sta succedendo nulla. Intanto io sono la tua psicologa, ricordi?»

La guardai attentamente, mi sentivo come se fossi entrata in un vortice di dimenticanze. Forse doveva sentirsi così mio padre, pensai, mentre guardavo Miranda.

«In questi anni sei molto cambiata. Volevi liberarti dei tuoi sensi di colpa, volevi stare bene. Sei venuta da me per cercare aiuto. E grazie anche al tempo hai capito molte cose. La terapia ti ha aiutata, ma il grazie più grande lo devi dire solo a te stessa. Tu hai voluto superare tutto questo. Tu hai voluto accettare di fare questo meraviglioso viaggio. Hai voluto liberarti dei tuoi fantasmi, di quegli omini neri che abitavano in te. Adesso guardati, sei rinata. Il tuo viso è rilassato e il tuo sguardo è sereno.»

Finalmente avevo capito, ma mi restava un solo dubbio.

«Ma Tea?»

«Tea, cara Patry, è il tuo inconscio. Lei ti ha seguito in questo viaggio, i suoi consigli ti hanno tirata fuori dal labirinto in cui eri entrata.»

«In poche parole ho viaggiato con me stessa?»

«Sì, cara Patry. Hai dialogato con te stessa, ti sei ascoltata, sei riuscita ad accogliere quelle emozioni che per tanti anni ti hanno fatto male.»

Adesso mi era tutto chiaro. Ero andata da Miranda in un momento di confusione, avevo bisogno che qualcuno mi aiutasse a capire cosa mi stesse succedendo, perché ero sempre triste e arrabbiata. Miranda era la mia psicologa.

«Miranda devo ringraziarti perché mi hai aiutata a capire, a dare le risposte alle domande che continuavo a farmi. Risposte che fino a poco tempo fa mi sembrava impossibile trovare. Non so come hai fatto, ma so che oggi sto bene, adesso non ho rimpianti, adesso ho capito che non sono stata una cattiva figlia.»

Iniziai a piangere come una bambina

«Piangi pure cara Patry, piangere fa bene» mi sussurrò mentre alzandosi dalla sedia si avvicinò a me e mi abbracciò.

«Adesso asciuga le lacrime e vai dalla tua famiglia e passa un buon Natale.»

La salutai con un forte abbraccio. Era riuscita a farmi uscire dal tunnel nel quale mi trovavo e grazie a questa donna stavo bene.

«Quando avrai bisogno di qualche lettura cercami» mi suggerì Miranda.

Capii subito il significato della sua frase e le risposi: «Grazie Miranda , farò tesoro del tuo consiglio.»

E andai via.

Salita in auto con molta calma andai verso casa.

Accesi la stufa dell'auto, c'era freddo, avevo i piedi che sembravano dei piccoli ghiaccioli.

Il contrasto tra il caldo dentro l'auto e il freddo fuori fece appannare i vetri dell'auto e così fui costretta a rallentare, accendere la spia per spannare i vetri e attendere di avere più visibilità.

La città era deserta, la gente era a casa a preparare il cenone di Natale. L'area natalizia si percepiva dalle luminarie che ravvivavano la città. Mi guardai attorno e quello che per me era stato fonte di tristezza adesso era fonte di felicità. Mi mancava mio padre, ma sapevo che lui era lì con me, che non mi avrebbe mai abbandonata e che non era deluso di me.

Avevo ancora qualche domanda senza risposta, ma decisi di non cercare più. Quel viaggio *Oltre la realtà* mi aveva dato tanto: mi aveva ridato la voglia di sorridere alla vita, di cogliere in ogni attimo il lato positivo anche da una situazione negativa. Continuavo a camminare piano, le strade erano ghiacciate e quel giorno non era il caso di avere un incidente. Accesi la radio e cercai della musica, lascia sulla stazione che trasmetteva *Last Christmas* di George Michael, e cantai a squarciagola. Prima di arrivare a casa notai che tra le nuvole un raggio di sole voleva affacciarsi.

Sorrisi. Continuai a cantare alzai il volume della radio e aspettai che il raggio di sole illuminasse la città.

Arrivata a casa, posteggiai l'auto davanti al cancello e mentre scendevo il sole mi accarezzò il viso. Gli sorrisi, mi sistemai la sciarpa e salii in casa.

*Solo il tempo ti darà le risposte che stai cercando, e te le darà quando avrai dimenticato le domande. (Osho)*

# OLTRE I RICORDI

Ore venti, tutto pronto. La tavola apparecchiata con una splendida tovaglia rossa. Qualche addobbo come segna posto e candele rosse dappertutto. Nel pomeriggio avevo preparato degli antipasti tradizionali: sfoglia di patate, vol au vent, un bel panettone gastronomico farcito, frittelle di cipolla, tartine al salmone, pandoro farcito per dolce e per concludere dell'ottimo spumante dolce che piace a tutti.

La prima ad arrivare fu mia madre. Quella sera, non so il perché, ma era serena. Il suo viso sembrava rilassato quando aprii la porta.

«Ciao mamma.»

«Ciao Patry.»

«Ma come siamo eleganti!» esclamai guardandola con ammirazione.

«Ho un semplice maglione, quello che mi regalò tuo papà anni fa e i soliti pantaloni» mi spiegò sorridendo.

«Stai benissimo, forse è quel sorriso che ti rende elegante» l'abbracciai e le diedi un bacio sulla guancia. Lei ricambiò l'abbraccio sussurrando «Grazie tesoro.»

Passarono solo pochi minuti che suonarono alla porta.

«Vado io» dissi a mio marito. Andai verso la porta d'ingresso e con trepidazione la aprii.

«Ciao Patry.»

«Ciao Vanna.»

«Buonasera signora.»

«Non chiamatemi signora, mi fate sentire vecchia. Chiamatemi pure Patry» sorrisi e feci accomodare due bellissimi ragazzini.

«Ciao Patry.» Per ultimo mi salutò il marito di Vanna, e quando entrarono tutti chiusi la porta.

«Questo è per il dopo cena» Vanna mi porse un vassoio di dolci acquistato nella mia pasticceria preferita.

«Ma grazie, non dovevi. La vostra presenza per me è già tutto.»

«Anch'io sono felice di essere qui stasera con te, con voi.» Mi abbracciò, un abbraccio sincero che ricambiai con altrettanto sincerità.

«Prendete posto e iniziamo a mangiare. Non so voi ma il mio stomaco reclama» disse mio marito.

I miei figli iniziarono a chiacchierare con i figli di Vanna, e guardandoli capii che andavano d'accordo. Vanna invece fu contenta di rivedere mia madre e così anche loro si raccontarono tante piccole storie passate.

Vedere quella tavola imbandita, vedere la mia famiglia, mia madre e la mia migliore amica mi rese veramente serena. La cena fu gradita anche dai ragazzi che non fecero capricci e mangiarono tutto; ormai sul tavolo non era rimasto più nulla. Anche i dolci andarono a ruba, soprattutto il mio panettone farcito. Era quasi mezzanotte e tutti eravamo pronti a fare il conto alla rovescia. Mio marito preparò la bottiglia dello spumante, io preparai i bicchieri di cristallo e guardando l'orologio iniziammo a seguire la lancetta che ormai segnava solo pochi minuti.

«Per la prima volta dopo tantissimi anni non odio il Natale, sento tutte le emozioni, sto bene. Sento veramente l'area natalizia. È come se fossi appena tornata da un viaggio tanto sognato, felice di averlo fatto. Non so esattamente spiegarvi cosa mi sia successo, ma so che oggi sono qui con le persone a me care e che questa festa, che per me è stata sempre triste oggi mi appare così piena d'amore.» Mentre mi emozionavo nel dire quelle parole, mia madre posò la sua mano sopra la mia e continuai: «Mi manca tanto mio padre, ma so che lui è qui con noi. L'ho incontrato nel mio viaggio interiore e mi ha detto che lui è felice e che non ci lascerà mai. Adesso voglio solo portare con me tutte le cose positive che ho raccolto.»

«E questo Natale sarà l'inizio di un nuovo viaggio che ti porterà alla conquista di un nuovo *oltre*...» sussurrò Vanna.

«Ci siamo, è quasi mezzanotte» interruppe mio figlio.

Mio marito già posizionato con la bottiglia in mano e il dito sotto il tappo ci invitò a contare «Forza ci siamo, dieci, nove...»

«Otto, sette, sei, cinque, quattro, tre, due, uno» continuammo all'unisono.

«Buon Natale» urlammo mentre afferravamo i bicchieri e mio marito con un semplice gesto stappò il tappo dello spumante. Le bollicine erano dappertutto e rivolgendo i bicchieri in alto augurammo che quel Natale portasse tanta serenità.

La serata continuò allegramente. Aprimmo i regali, giocammo a carte e chiacchierammo tutta la nottata.

Vanna mi aveva regalato un bellissimo maglione, che indossai subito. Era morbido con disegnato la classica neve bianca su uno sfondo rosso. Assieme al maglione c'era anche una sfera natalizia tutta argentata e sul mio albero ci stava una delizia. Mentre tutti stavano giocando a carte io mi recai nel salone, dove c'era l'albero di Natale.

Appesi la sfera su un ramo e la sistemai in modo che si notasse. Guardai l'albero, anche lui era proprio bello, ai miei occhi finalmente era Natale. Improvvisamente il mio sguardo andò sotto l'albero dove tra pandori e bottiglie notai una scatola. La riconobbi subito, era la scatola che avevo trovato nella borsa quando ero sull'aereo. Restai interdetta. Ma allora questo viaggio l'ho fatto veramente? E quella scatola cosa faceva lì? Mi abbassai, la presi e con calma l'aprii. C'era proprio tutto. La sfera, le foto, e il Babbo Natale in acrilico. Presi la sfera e l'appesi accanto a quella di Vanna. L'osservai e vidi mio padre che mi sorrideva e io di rimando ricambiai il sorriso. Poi presi le foto, le guardai e le conservai nel cassetto del mobile del salone. Non mi posi nessuna domanda. Infine presi il Babbo Natale e lo appesi accanto alle sfere. Lo sistemai bene sul ramo dell'albero e notai che anche lui si rifletteva nella sfera argentata.

Mentre guardavo l'albero nel suo insieme successe una cosa molto strana. Misi la mano destra nella tasca dei pantaloni e sentii che c'era un foglio piegato in più parti. Lo tolsi dalla tasca, era sgualcito e un po' ingiallito, ma ancora integro. Lo aprii, era una lettera, ma non era la mia scrittura. La guardai con attenzione e iniziai a leggere il primo rigo

*Figlia mia, quando un giorno leggerai questa lettera io non ci sarò più...*

Le mani iniziarono a tremarmi e il cuore accelerò i battiti. Era la scrittura di mio padre, era una sua lettera La guardai con più attenzione e lessi la data: 25 dicembre.

Non mi chiesi neppure perché fosse nella tasca di quel pantalone, non avrei mai avuto risposte concrete. Ma ricordo benissimo quando me l'aveva data, avevo persino rivissuto quel momento nel mio viaggio. Era la sera di Natale, lui mi disse che l'aveva scritta Babbo Natale e io come sempre lo presi per matto e senza badarci la misi in tasca.

La ripresi e continuai a leggere:

*Figlia mia, quando un giorno leggerai questa lettera io non ci sarò più, ma so che sarai diventata una donna straordinaria. Il mostro mi sta portando via tutti i ricordi, ma il ricordo di te resterà sempre dentro il mio cuore. Quando un giorno ti dirò "Chi sei" non preoccuparti perché dentro il mio cuore so benissimo che sei la mia vita. Il mostro ha scelto me, lo so non lo accetterai mai, ma devi sapere che non riuscirà mai a portare via i nostri cuori. Stai sempre vicino a mamma, lei sembra forte, ma non lo è. Dille che anche lei resterà sempre dentro il mio cuore e il suo ricordo non sbiadirà mai.*

*Voglio vedervi sempre serene e allegre. Io lo sarò solo per voi.*

*Insegna ai tuoi figli ad amare la vita, perché anche se qualcuno vuole farcela odiare noi saremo sempre più forti di questo qualcuno, spiega pure che tutto si può sconfiggere con l'amore.*

*Mi raccomando non essere mai triste e butta via i sensi di colpa. So che ne avrai, ma so anche che sei capace di vedere oltre. E chi riuscirà a vedere oltre ha già vinto.*

*Ti voglio bene, il tuo papà.*

*Fine*

Ringraziamenti

Ringrazio me stessa per essermi concessa di rivivere alcuni ricordi nascosti.

Ringrazio la mia carissima amica Daniela D'Urso perché è da anni che mi accompagna in questa grande avventura dell'*Oltre*. Perché anche lei assieme a me va *Oltre il check-in*.

Ringrazio Youcanprint per la professionalità che mi accompagna da quasi dieci anni.

Ringrazio Tea per avermi accompagnato in questo lungo viaggio.

Ringrazio per ultimo ma non perché sia meno importante, la mia eccellentissima editor Assunta Adamo che con la sua professionalità, la sua cura perfetta e dettagliata è riuscita a fare diventare questo romanzo un viaggio di prima classe.

Titolo | Oltre il check-in
Autore | Patrizia Catenuto
ISBN | 979-12-22766-57-7



Youcanprint
Via Marco Biagi 6, 73100 Lecce
www.youcanprint.it
*Made by human*

Printed in France by Amazon
Brétigny-sur-Orge, FR

30903428R00161